Lieblingsplätze

NORDSEE NIEDERSACHSEN

Lieblingsplätze

NORDSEE NIEDERSACHSEN

GMEINER

BECKMANN / DIERS / MANSKI / MOSLER

Die Autorinnen, Autoren und der Verlag haben alle Informationen geprüft. Gleichwohl ändern sich Gegebenheiten, daher erfolgen alle Angaben ohne Gewähr. Möchten Sie ein Feedback geben, senden Sie dies gerne an: lieblingsplaetze@gmeiner-verlag.de

Aus Gründen der Lesbarkeit und Sprachästhetik wird in diesem Buch das generische Maskulinum verwendet. Mit der grammatischen Form sind ausdrücklich weibliche sowie alle anderen Geschlechtsidentitäten mit berücksichtigt, insofern dies durch die Aussage geboten ist.

QR-Code einscannen und kostenloses E-Book anfordern.

Besuchen Sie uns im Internet:
www.gmeiner-verlag.de

1. Auflage 2023

Im Ehnried 5, 88605 Meßkirch
Telefon 07575/2095-0
info@gmeiner-verlag.de

Lektorat/Redaktion: Ricarda Dück
Herstellung: Julia Franze
Bildbearbeitung/Umschlaggestaltung: Susanne Lutz
unter Verwendung der Illustrationen von © SylwiaNowik, SimpleLine, jan stopka, eyewave, Instantly, SG- Design, aliaksei_7799, anastasiadeshko – stock.adobe.com; © Susanne Lutz
Druck: AZ Druck und Datentechnik GmbH, Kempten
Printed in Germany
ISBN 978-3-8392-0380-4

CUXHAVEN BIS BREMERHAVEN

WESERMARSCH MIT BUTJADINGEN

FRIESLAND MIT WILHELMSHAVEN

FRIESISCHE INSELN

CUXHAVEN BIS BREMERHAVEN

ZEITZEUGE

Seezeichen Kugelbake in Döse

Wo kann ein Buch über das Cuxland beginnen? Da gibt es nur einen Ort: die Kugelbake. Lassen Sie Ihr Auto am Parkplatz beim Fort Kugelbake stehen und folgen Sie dem Weg über die Rampe auf den Seedeich und zur schönsten Aussicht auf die Elbmündung. Links liegt der Sandstrand Döses, rechts der Grünstrand der Grimmershörnbucht und vor Ihnen das Meer. Kein Tag ist hier wie der andere. Die Sonne, der Wellenschlag, der Wind, die Wolken und Gezeiten – das alles macht den Moment einzigartig. Jetzt ist es nur noch ein kurzer Weg zum Strand und entlang des Plattenweges zur Kugelbake. Sie markiert den nördlichsten Punkt Niedersachsens, wo die Unterelbe endet. Der Fluss setzt seinen Weg nun als Außenelbe zwischen den Sänden des Wattenmeers fort.

Die Kugelbake hat ihre Existenz vor allem der Hartnäckigkeit von Kapitän Spanninger zu verdanken. Wahrscheinlich im Jahre 1703 wurde die erste Bake als Seezeichen für die Schiffer gebaut. Allerdings rissen schon die nächsten Sturmfluten weite Landflächen und die erste Bake ins Meer. Der Hamburger Senat entschloss sich, größere Uferschutzmaßnahmen in Auftrag zu geben, die Leitung dieser Uferschutzarbeiten übernahm Kapitän Spanninger. Um einen weiteren Landverlust zu verhindern, ließ er bestimmte Punkte an Cuxhavens Seeseite stark befestigen. Das Meer sollte, unter anderem an der Kugelbake, aufgehalten werden. Spanningers Bemühungen waren erfolgreich.

Über die Jahrhunderte war die Kugelbake immer wieder durch Sturmfluten und Eisgang gefährdet. Für eine wachsende Anzahl von Badegästen galt es als »modern«, einen Spaziergang zu dem Seezeichen zu machen. Im Jahre 1924 wurde die heutige Kugelbake gebaut. Ihre Funktion als Seezeichen hat sie jedoch längst verloren. Dafür wurde sie zur Visitenkarte für eine ganze Region.

Ganz in der Nähe des Seezeichens liegt das Fort Kugelbake. Während einer Führung können Sie hier das Leben der Soldaten in der Marinefestung kennenlernen.

2

Alte Liebe
Bei der Alten Liebe
27472 Cuxhaven
04721 6981530
www.schiffsansagedienst-cuxhaven.de

Feuerschiff Elbe 1
Eberhard Hewicker
04721 4243820
www.elbe-1.de

SEEFAHRTSROMANTIK AM GROSSEN STROM

Bollwerk *Alte Liebe*

Ein ganz besonderer Lieblingsplatz im Cuxland ist für mich die *Alte Liebe*. Das zweistöckige Bollwerk an der seeseitigen Einfahrt zu Cuxhavens Altem Hafen ist ein Touristenmagnet. Die Nähe zu den vorbeiziehenden Frachtern, Tankern oder Passagierschiffen vermittelt einen Hauch von großer, weiter Welt, die Schiffsansagen mit ihren Informationen über Heimathafen, Ladung und Reederei sind sehr beliebt bei Einheimischen und Gästen.

Ein ganzes Ensemble maritimer Denkmäler reiht sich bei der Alten Liebe aneinander. Auf einem Spaziergang von der Deichstraße kommend, stoßen Sie zuerst auf den alten Leuchtturm, dessen Backsteinhaut das 200 Jahre alte Denkmal zu einem weithin sichtbaren Erkennungszeichen macht. Als Leuchtturm schon vor Jahren außer Dienst gestellt, ist er heute im Privatbesitz. Ein wenig dahinter zeigt der Semaphor mit seinen Ketten und Zeigern Windstärke und Windrichtung auf Borkum und Helgoland an. Vom Oberdeck der Alten Liebe ist in Richtung Osten das Steubenhöft mit der Hapag-Halle zu sehen, weiter landeinwärts liegen die Fischhallen. Im Alten Hafen bewegen sich die Ausflugsschiffe in der Dünung auf und ab. Von hier aus geht es zur Hafenrundfahrt, nach Neuwerk oder zu den Seehundbänken.

Allein der Name »Alte Liebe« hat Anlass für allerlei Spekulationen gegeben. Haben hier die Seemannsfrauen ihren Männern bei der Ausfahrt ein letztes Mal zugewunken? Oder ist am weltbekannte Bollwerk so manche Träne geflossen, wenn der Mann nicht zu seiner Liebsten zurückkehrte? Der wahrscheinlichste Ursprung der Bezeichnung ist weitaus pragmatischer. Beim Bau wurden einige ältere Schiffe versenkt, um die Rammarbeiten zu erleichtern. Eines dieser Schiffe soll »Olivia« geheißen haben. Daraus wurde vermutlich durch die Umformung in Platt »Ol Leev« und durch die Rückübersetzung ins Hochdeutsche schließlich »Alte Liebe«.

Als eine Art schwimmender Leuchtturm diente das Feuerschiff *Elbe 1.* den in die Elbmündung einfahrenden Seeleuten als Orientierungspunkt. Heute können Gäste das Schiff besichtigen und darauf Törns unternehmen.

8

Wrack- und Fischereimuseum Windstärke 10
Ohlroggestraße 1
27472 Cuxhaven
04721 70070850
www.windstaerke10.net

Fischereihafen Cuxhaven
27472 Cuxhaven
www.afh-cuxhaven.de

DER GEFÄHRLICHSTE JOB DER WELT

Wrack- und Fischereimuseum *Windstärke 10*

»Die Deutsche Bucht ist ein ziemlich gefährliches Revier. In diesem Museum kann man verstehen lernen, warum Seefahrt so gefährlich ist.« Die Direktorin des Cuxhavener Museums *Windstärke 10* erläutert weiter: »In der Deutschen Bucht kommen die verschiedensten Umstände zusammen. Zum Beispiel der starke Schiffsverkehr auf Elbe und Weser, der durch die Schiffe von und zum Nord-Ostsee-Kanal noch gesteigert wird. Oder der Wechsel von Ebbe und Flut, der nicht nur für starke Strömungen sorgt, sondern die Sände an der Fahrrinne freilegt und verbirgt. Dazu kommt die unter Seefahrern wegen ihres speziellen Seegangs gefürchtete Nordsee und die Unbilden des Wetters.«

Das heutige Museum ist die Zusammenführung zweier bestehender Sammlungen. Im Eigentum der Stadt Cuxhaven befanden sich bereits die Exponate des ehemaligen Wrackmuseums. Nachdem das Gebäude des Wrackmuseums stark renovierungsbedürftig geworden war, entstand der Plan, das ehrenamtlich betriebene Fischereimuseum mit dem Wrackmuseum zusammenzuführen. Räume fanden sich in den ehemaligen Fischpackhallen VII und VIII. Und so konnte im Dezember 2013 die Eröffnung des neuen Museums gefeiert werden.

Windstärke 10 zeigt seinen Gästen die Extreme der Seefahrt. Betrachten Sie in der Ausstellung die Reste des Fischewers Wilhelmine, der 1886 auf dem Medemsand auflief und nach und nach vom Sand verschlungen wurde. Hören Sie die Funksprüche von Bord des gestrandeten Frachters Luise Leonhardt. Oder erahnen Sie die Stärke des Wellenganges durch die Orkan-Bilder vom Nordatlantik. Gelegentlich erzählen die Mitglieder des *Fördervereins Schifffahrtsgeschichte Cuxhaven* vom Leben und der harten Arbeit an Bord eines Fischdampfers. Denn die Arbeit eines Fischers im Nordatlantik war über Jahrzehnte der gefährlichste Job der Welt.

Von der Ohlroggestraße ist es nicht weit bis in den Fischereihafen. Folgen Sie der Beschilderung »Fischmeile« und lernen Sie Neues über Fisch und seine Verarbeitung.

4

Hapag-Halle
Albert-Ballin-Platz
27472 Cuxhaven
www.hapaghalle-cuxhaven.de

Kleine Fischkiste
Niedersachsenstraße 1
27472 Cuxhaven
04721 22715,
www.kleine-fischkiste.de

VOM AMERIKA-BAHNHOF INS NEUE LEBEN

Hapag-Halle am Kai Steubenhöft

Cuxhaven war schon im 19. Jahrhundert ein Auswandererhafen. Vor allem die Schiffe der *Hapag*-Reederei trugen von hier aus die Menschen ihrer neuen Heimat entgegen. Unter der Leitung von Albert Ballin behauptete die *Hapag* jahrzehntelang ihren ersten Rang unter den Schifffahrtslinien der Welt.

Zunächst waren die *Hapag*-Schiffe von Hamburg-Veddel aus nach Amerika gestartet. Wegen der schwierigen Route über die Niederelbe und der wachsenden Anzahl der Auswanderer mussten andere Abfahrtshäfen gefunden werden. Als die Bahnlinie zur Elbmündung fertiggestellt war, bot sich Cuxhaven als idealer Einschiffungsort an. Um den Transport zu den Schiffen zu vereinfachen und die Auswanderer für einige Stunden sicher unterbringen zu können, wurde der Plan zum Bau der *Hapag*-Halle gefasst. 1902 vollendet, gab es einen direkten Anschluss zu den Gleisen nach Hamburg. In den Sälen – dem Kuppelsaal für die 1. und 2. Klasse und dem Hanseatensaal für die Zwischendeckspassagiere – warteten die Auswanderer auf ihre Abfertigung. Durch die Zollhalle und den gedeckten Gang war der Weg zum Steubenhöft, dem Anlegeplatz der Schiffe, nicht mehr weit. Ungefähr 60.000 Menschen sollen über Cuxhaven nach Amerika aufgebrochen oder von dort eingereist sein.

Für die Cuxhavener ist die repräsentative *Hapag*-Halle ein Symbol für längst vergangene Schifffahrtsromantik. In den 50er- und 60er-Jahren des vorigen Jahrhunderts fuhren noch Kreuzfahrtschiffe vom Steubenhöft ab. Heute wird er nur noch durch den Elb-Link belebt. Die Einschiffung der Kreuzfahrttouristen hat hingegen schon lange Hamburg übernommen. Ein Verein kümmert sich inzwischen um die Erhaltung der Halle. Eine Ausstellung lässt den Besucher ein wenig in die Zeit zurückblicken, als Cuxhaven noch ein gefragter Hafen für Auswanderer und Reisende war.

Fisch direkt dort essen, wo er verarbeitet wird? Schauen Sie mal bei der *Kleinen Fischkiste* an der Fischmeile vorbei.

5

Restaurant Seeterrassen
Am Seedeich 38
27472 Cuxhaven
04721 37700
www.seeterrassen-cuxhaven.de

Bierlokal Sturmflut
Am Fährhafen 4
27472 Cuxhaven
04721 6986170
www.sturmflut-cux.de

DIE BESTE SICHT

Restaurant Seeterrassen

»Welches Restaurant würden Sie mir empfehlen?« Jeder Cuxhavener kennt diese Frage. Meist wird sie von einem Kurgast gestellt, und es gibt natürlich so viele Antworten wie Restaurants in Cuxhaven.

Mein Tipp ist das Restaurant *Seeterrassen* am Seedeich. Schon die Form des Gebäudes lässt an ein Kreuzfahrtschiff mit seinen typischen hohen Aufbauten denken; in seinem Bug liegt das Restaurant. Die Inneneinrichtung mit ihren Relings und Masten unterstützt das maritime Flair. Alles ist in hellem Holz gehalten und die großen Fenster bieten einen herrlichen Ausblick auf die Landschaft ringsum. Es kann kaum einen besseren Platz geben, um die Köstlichkeiten aus Land und Meer zu genießen.

Im Blick hat man dabei unter anderem die Grimmershörnbucht. Sie ist gewissermaßen die gute Stube der Cuxhavener. Dort am Grünstrand kann man in eigenen oder gemieteten Strandkörben ein wenig die Seele baumeln lassen und trägt anschließend nicht einmal den Sand mit ins Haus. Im Sommer lädt die Bucht zum Schwimmen ein – das Wasser ist bereits nach wenigen Metern tief genug dazu. Gleich daneben am Anleger des Jachtklubs können Sie das bunte Gewirr aus Masten, Segeln und Tauen beobachten. Hier liegt auch die *Anneliese Kramer*, der Seenotrettungskreuzer der *Deutschen Gesellschaft zur Rettung Schiffbrüchiger.* Mit seiner erfahrenen Besatzung und der schnellen Maschine hat er schon manchem Seemann das Leben gerettet. Auch der Fährhafen ist von den *Seeterrassen* aus zu erkennen. Er war ursprünglich als Hafen für die Fähren nach Schleswig-Holstein, England und Norwegen geplant und gebaut worden. Inzwischen sticht hier die schnittige Helgolandfähre in See. Bei einer guten Mahlzeit in den *Seeterrassen* lässt sich der Ausflug zur Nordseeinsel demnach besonders gut planen.

Nicht immer muss es gleich ein Restaurantbesuch sein. Im Bierlokal *Sturmflut*, gleich im Fährhafen, gibt es ein gepflegtes Bier und Köstlichkeiten für den kleinen Hunger.

6

Sahlenburger Strand
Am Sahlenburger Strand
27476 Cuxhaven

Waldfreibad Sahlenburg
Wernerwaldstraße 20
27476 Cuxhaven
04721 446466
www.nordseeheilbad-
cuxhaven.de

DER WALD AN DER KÜSTE

Sahlenburger Strand

Gleich in mehrfacher Hinsicht ist die Küste bei Sahlenburg etwas Besonderes. Der Sahlenburger Strand ist der einzige Sandstrand in Cuxhaven, an dem Hunde auf weiten Abschnitten erlaubt sind. Die Nähe zum Pferdesportdorf Holte-Spangen sorgt dafür, dass manchmal sogar Reiter auf ihren Ausritten vorbeikommen. Entlang der Seeseite zieht sich eine leicht erhöhte Promenade, die zum Flanieren einlädt. Hier liegen die beliebtesten Restaurants und Cafés des Ortsteils. Auf der gesamten Länge der Promenade sind immer wieder Ruhebänke aufgestellt, die eine besonders schöne Sicht über das Watt auf die Insel Neuwerk freigeben. Vor allem wenn die Sonne untergeht, sind die Bänke an der Seeseite sehr beliebt. Minutenlang bewegt sich die Sonne kaum merklich auf den Horizont zu, um dann ganz plötzlich zu verschwinden.

In direkter Nähe, am Turm der DLRG, fahren die Wattwagen nach Neuwerk ab. Ein Wattwagen ist eine typische Cuxhavener Erfindung. Mit diesem erhöhten Pferdewagen können sich Gäste durch das Watt und die Priele nach Neuwerk kutschieren lassen. Gleich um die Ecke lockt zudem das neue Wattenmeer-Besucherzentrum, eine Naturkundeausstellung, in der viel Wert auf Interaktion, Ausprobieren und Mitmachen gelegt wird.

Am äußersten südlichen Ende der Promenade liegt das Kite-Surfer-Eldorado Cuxhavens. Wo sich heute das Restaurant Kliff befindet, stand früher der Marineturm. Dort hat sich Joachim Ringelnatz seinen Künstlernamen erdacht.

Die eigentliche Attraktion Sahlenburgs ist der Wernerwald. Er ist künstlich angelegt und liegt nahezu direkt an der Küste. Auf den Geesthügeln des Waldes eröffnen sich vielseitige Ausblicke auf das Meer. Weiter südlich gelangt man in das Naturschutzgebiet Cuxhavener Küstenheiden.

Das Waldfreibad Sahlenburg bietet nicht nur tideunabhängige Bademöglichkeiten, sondern auf der Showbühne vor dem Eingang auch Musik und Tanz.

1

Cuxhavener Küstenheiden
Parkplatz Holter Straße
27476 Cuxhaven

Stadt Cuxhaven
Rathausplatz 1
27472 Cuxhaven
04721 7000
www.cuxhaven.de

NATURPARADIES MIT GROSSEN WEIDETIEREN

Naturschutzgebiet Cuxhavener Küstenheiden

Eine Attraktion abseits vom Strand und doch in Meeresnähe rückt immer mehr in das Bewusstsein der Gäste in Cuxhaven: die Küstenheiden. Wo früher Panzer die Heide umwühlten und Jeeps über die Waldwege rasten, prägen heute Koniks, Heckrinder und Wisente das Bild. Mit etwas Glück kann man in der Nähe der Straße einen Schäfer mit seiner Herde sehen. Ein idyllisches Stück Landschaft, wie es sogar in der Lüneburger Heide kaum ein schöneres gibt.

Doch diese Landschaft wurde von Menschenhand geschaffen. Ursprünglich standen in der ganzen Gegend Mischwälder, die sich durch Abholzung und Beweidung mit Schafen zu Heideflächen wandelten. Um 1900 begann die militärische Nutzung der Heide, zunächst als Marineschießplatz, sodass es im Zweiten Weltkrieg dort sogar Versuche mit den sogenannten V-Raketen gab. Ab 1955 hielt die Bundeswehr Einzug auf dem Gelände. Die Nutzung als Truppenübungsplatz war jedoch mit den Forstbehörden abgesprochen, sodass bestimmte Biotope erhalten blieben. In verschiedenen Teilbereichen wurde aufgeforstet. Die Bundeswehr verließ schließlich 2003 das Gebiet. Dennoch wurde die Erhaltung der Heideflächen zum Problem. Das Land Niedersachsen fand jedoch eine Lösung: Die Beweidung der Heide durch »große Pflanzenfresser« soll für den Erhalt der Heideflächen sorgen.

Mit EU-Mitteln wurde das Projekt 2006 begonnen. In der Folge wurde die Finanzierung vom Land Niedersachsen übernommen. Wildpferde, Wisente und Heckrinder halten nun im Kernbereich des Gebietes die Vegetation kurz. Wenn Sie Ihr Auto an der Holter Straße auf dem Heideparkplatz parken, können Sie entlang der Wege zu den »großen Pflanzenfressern« gelangen. Die Wege sind gut ausgeschildert und bieten Ihnen allerhand Informationen über die Heide und ihre Tiere.

Die Dörfer um die Heide haben alle ihr besonderes Flair, wie etwa das Reiterdorf Holte-Spangen oder Oxstedt mit dem Golfplatz. Das ursprünglichste der Heidedörfer ist Berensch mit dem alljährlichen Heideblütenfest.

8

Kutterhafen
Deichweg
27639 Spieka-Neufeld/
Wurster Nordseeküste

Gästezentrum Nordholz
Wurster Straße 7
27639 Nordholz/Wurster
Nordseeküste
04741 1048
www.wursternordsee-
küste.de

WO DAS MARITIME HERZ HÖHER SCHLÄGT

Kutterhafen Spieka-Neufeld

Der Kutterhafen Spieka-Neufeld ist der kleinste und nördlichste der Wurster Küste. Ein Priel führt von der Weser durch die Sände und Wattflächen zur Küste, und die meist flache Fahrrinne für die Krabbenkutter ist mit Pricken abgesteckt. Die Kutter fahren das »Spiekaer Tief« hoch, bis sie an den gemauerten Kais des Hafens anlegen können.

Die dieselbetriebenen flachen Schiffe, die speziell für den Fang von Krabben ausgelegt sind, erkennt man am besten an den Grundnetzen (Baumkurren), die über Rollen auf dem Wattboden entlanggezogen werden. Die Krabben werden direkt an Bord gekocht und nach dem Einlaufen in den Hafen verkauft. Probieren Sie unbedingt den frischen Granat – der Geschmack wird Sie für die Mühe des Puhlens mehr als entschädigen. Die Tiefs führen über Deichsiele von den Krabbenkutterhäfen weiter ins Landesinnere, wo sie der Entwässerung dienen. In Spieka-Neufeld gibt es am Kutterhafen einen Camping- und Wohnmobilstandplatz. Hier finden sich vor allem Gäste ein, die das ruhige Leben zwischen Wattenmeer und Außendeichwiesen lieben. Wenn Dämmerung und Ebbe zeitlich zusammenfallen, ist nichts als das Glucksen des Watts und die Geräusche der Kühe zu hören. Nur ein paar hundert Meter vom Kutterhafen entfernt lässt sich im Restaurant *Zur gemütlichen Ecke* frischer Fisch genießen.

Die friesischen Bewohner Wurstens schoben über die Jahrhunderte die Deichlinie weiter hinaus, um das neu entstandene Land einzudeichen – die Namen der einzelnen Deichlinien finden sich in den Siedlungsnamen der jeweiligen Ortsteile wieder. Der älteste Deich heißt Oberstrich und stammt aus dem 11./12. Jahrhundert. Ihm folgt der Niederstrich, dann der Alte Deich. Die Siedlungen mit dem Namenszusatz »Neufeld« liegen am heutigen Deich.

Die übrigen Kutterhäfen Wurstens haben andere Schwerpunkte. In Cappel-Neufeld gibt es einen FKK- und einen Textilstrand. Wremen besticht durch sein vielfältiges gastronomisches Angebot am Strand.

9

Deutsches Luftschiff- und Marinefliegermuseum Aeronauticum
Peter-Straßer-Platz 3
27639 Nordholz/Wurster Nordseeküste
04741 18190
www.aeronauticum.de

DER TRAUM VOM FLIEGEN

Luftschiffmuseum Aeronauticum in Nordholz

Ist es nicht der Traum eines jeden Menschen zu fliegen? Einmal als Jetpilot die Schallmauer zu durchbrechen oder lautlos durch die Lüfte zu fahren? Im *Aeronauticum* kommen Sie diesem Traum ein Stück näher. An einem Flugsimulator können Sie zum Beispiel testen, wie es sich anfühlt, ein Luftschiff zu steuern. Oder Sie können beim »Open Plane« ein echtes Flugzeug aus direkter Nähe bewundern.

Der größte Teil der Ausstellung widmet sich dabei dem Thema Luftschifffahrt, das eng mit dem Nordholzer Flugplatz verbunden ist. Im Jahr 1900 stiegen erstmals die von Ferdinand Graf von Zeppelin entwickelten und nach ihm benannten Luftschiffe über dem Bodensee auf. Schon bald begann sich auch das Militär für diese Erfindung zu interessieren und wählte 1912 das Nordholzer Heidegelände an der Bundesstraße zum Standort für einen Flughafenneubau aus. Verschiedene Hallen wurden errichtet, von denen sich eine sogar um 360 Grad drehen ließ, um ein Luftschiff unabhängig von der Windrichtung aus der Halle ziehen zu können. Als kurz darauf der Erste Weltkrieg ausbrach, wurden von dort aus viele Luftschiffe im Luftkampf eingesetzt, doch kam es zu zahlreichen Unfällen und Abschüssen, und der Siegeszug der robusteren Flugzeuge begann. Nach Ende des Krieges wurden die Hallen in Nordholz verschrottet. Erst 1938 kam es erneut zum Bau eines Flugplatzes auf dem Gelände, das 1945 zunächst in den Händen der Alliierten blieb, bis die Bundeswehr es 1958 wieder übernahm. Inzwischen ist auch eine zivile Nutzung des Platzes möglich.

Im *Aeronauticum* sind viele der Ehrenamtlichen noch selbst mit den vorgestellten Flugzeugen geflogen. So wird der Museumsbesuch zu einem sehr lebendigen Erlebnis, was nicht nur für Technikinteressierte einen Höhepunkt des Cuxlandbesuches darstellt.

Das Deichbrand-Festival auf dem rückwärtigen Gelände des Flugplatzes hat einen festen Platz in der deutschen Musikszene inne (www.deichbrand.de).

10

Midlumer Mühle
Midlumer Dorfstraße 5
27639 Midlum/Wurster
Nordseeküste
04741 181740
www.Midlumer-Muehle.de

Wassertretbecken Midlum
Krempeler Weg
27639 Wurster
Nordseeküste-Midlum
04741 913023
www.cuxland.de/poi/
wassertretbecken-midlum

Ein Stück Kindheit im Cuxland

Midlumer Mühle

Bei der Fahrt über die alte B6 (heute L135) von Nordholz in Richtung Bremerhaven ist die Midlumer Mühle schon aus der Ferne zu sehen. Seit 1857 grüßen ihre Flügel weit ins Land hinein. Hier wird für viele Cuxländer die eigene Kindheit wieder lebendig, die sich um die Mühle abgespielt hat.

Die typische Galerieholländer-Mühle wurde fast 100 Jahre tatsächlich nur vom Wind bewegt, danach erfolgte die Umstellung auf Elektrizität. Doch selbst mit dem elektrischen Antrieb lohnte sich das Mahlen ab 1992 angesichts der wachsenden Konkurrenz durch die Industriemühlen nicht mehr. Nach dem Verkauf an die Gemeinde Midlum wurde der Galerieholländer mit Fördergeldern grundrenoviert und der Steert, der nicht mehr zu reparieren war, 2010 ausgetauscht. Eigentlich hätte die Mühle nun wieder mit der Kraft des Windes ihrer alten Bestimmung nachkommen können. Aber längst steht sie unter Denkmalschutz und ist heute eine Attraktion für Einheimische und Touristen.

Ein Mühlenverein hat die Arbeit in und um die Mühle übernommen. Viele freiwillige Helfer erklären die technischen Abläufe im Inneren. An den Backtagen stehen die Besucher für Brot, Kaffee und Butterkuchen Schlange. Im ersten Stock gibt es ein Hochzeitszimmer, und von der Galerie schweift der Blick weit über Marsch und Geest.

Wussten Sie, dass Mühlen eine eigene Sprache haben? Je nach dem Stand der Flügel kann der Kundige sehen, ob es einen Trauerfall im Dorf gab oder gerade eine kurze Mahlpause eingelegt wird.

Cuxland beheimatet viele Windmühlen, manche stehen für Besichtigungen offen. Die Midlumer Mühle ist meine Lieblingsmühle, weil sie für die Müllertradition in der Familie meiner Mutter steht. Für viele Menschen aus dem Cuxland ist Traditionspflege eine Herzensangelegenheit.

In der Midlumer Feldmark, am Hochzeitswald, gibt es ein Kneipp-Wassertretbecken. Eine schön angelegte künstliche Quelle speist das Becken. Hier ist es das reinste Vergnügen, sich nasse Füße zu holen.

11

Leuchtturmdenkmal Obereversand
Am Kutterhafen 3
27639 Dorum-Neufeld/
Wurster Nordseeküste
04741 981980
www.obereversand.de

Leuchtturm Dicke Berta
Altenbrucher Hafen
27478 Cuxhaven-
Altenbruch
www.dickeberta.de

AN DEN NEUEN PLATZ GEZOGEN

Leuchtturm Obereversand in Dorum-Neufeld

Dorum-Neufeld ist der belebteste Kutterhafen an der Wurster Nordseeküste. Hier hat sich ein touristisches Zentrum herausgebildet, und das ganz sicher nicht zu Unrecht. Vor allem der Leuchtturm Obereversand ist ein Besuchermagnet.

Wer die 84 Stufen der Außentreppe bis zur ersten Galerie erklommen hat, den erwartet im Inneren des Turms eine interessante Ausstellung über das Leben der Leuchtturmwärter. Stockwerk über Stockwerk kommt man ins Staunen, vom Lagerraum über die Küche und das Dienstzimmer bis ganz hinauf zum Laternenraum. Letzterer bietet einen herrlichen Blick über die Wesermündung, das Land Wursten und das UNESCO-Naturerbe Wattenmeer. Sogar die beiden Mündungsarme der Weser lassen sich, bei günstiger Tide, von hier oben erkennen.

Im 19. Jahrhundert wurde der Wurster Weserarm zur Passage von und nach Bremerhaven genutzt. Um diese Passage sicherer zu machen, wurden die Leuchttürme Obereversand und Untereversand 1887 in der Außenweser aufgestellt. Doch bereits 1922 musste, wegen der Verlagerung von Stromrinnen und Sänden, der Fedderwarder Weserarm als Fahrrinne genutzt werden. Beide Türme wurden zwar erhalten, aber waren nicht mehr besetzt. Im Jahr 2003 wurde schließlich Obereversand nach Dorum-Neufeld geschleppt, renoviert und mit der besagten Außentreppe versehen. Seit 2004 können schwindelfreie Besucher den Leuchtturm besichtigen. Der Leuchtturm Untereversand steht indes als Nistplatz für Kormorane an seinem alten Platz.

Auf der Leuchtturmwiese warten Liegen und Sportgeräte auf Benutzer. Ein Piratenspielplatz für die Kids ergänzt das Angebot. Das Nationalparkhaus finden Sie im selben Gebäude wie das Spaßbad *Watt'n Bad*. In den zwei Einrichtungen können sich Besucher auf unterschiedliche Weise mit dem Thema Wasser auseinandersetzen.

Leuchttürme sind im Cuxland keine Seltenheit. So zum Beispiel die *Dicke Berta* in Cuxhaven-Altenbruch oder der *Kleine Preuße* in Wremen.

12

Deichmuseum Land Wursten
Poststraße 16
27639 Dorum/Wurster Nordseeküste
04742 1020
www.deichmuseum-landwursten.de

»KENN NICH DIEKEN WILL, MUT WIEKEN«

Deichmuseum Land Wursten in Dorum

Ein wenig versteckt hinter der Grundschule liegt das Museumsgebäude. Es ist dem wichtigsten Thema der Marschen gewidmet: dem Deichbau. Ohne Deich keine Marsch. Für die Menschen am Meer, deren Häuser und Ländereien oft unter dem Meeresspiegel liegen, ist der Deich mehr als eine Lebensversicherung; er ist die Grundlage ihrer Existenz, und das seit Jahrhunderten. Im *Deichmuseum Land Wursten* wird der Deichbau im wahrsten Sinne des Wortes begreifbar gemacht. Modelle, Karten und Originalwerkzeuge erinnern an die Knochenarbeit, an die einzelnen Bauphasen und -konzepte.

Um 800 begannen wieder Menschen, in der Marsch zu siedeln. Sie errichteten ihre Häuser auf künstlich aufgeworfenen Hügeln, den Warften oder Wurten. Der Name »Land Wursten« leitet sich von diesen Hügeln ab. Größere Siedlungen fassten die Wurten zusammen. Es entstanden Dorfwurten, die Häuser und Besitz einer ganzen Dorfgemeinschaft schützten. Um die Felder in diesen Schutz einzubeziehen, wurden sogenannte Dorfdeiche angelegt – allerdings waren sie niedrig und konnten Sturmfluten nicht standhalten. Mit der Ankunft niederländischer Kolonisatoren in den Marschen wurden Deichbau und Entwässerung planmäßig und effektiv betrieben. Um 1100 entstanden die ersten Seedeiche, die als geschlossene Linien die Nordsee von den Marschen fernhielten. Über die Jahrhunderte wurde die geschützte Marsch zu fruchtbarem Ackerland und die Bevölkerung wohlhabend.

Die Nordsee, die die Marschen durch Sedimentablagerungen geschaffen hat, bildet für die Tourismusbranche und die Fischer die Lebensgrundlage. Doch zugleich bleibt das Verhältnis zwischen Mensch und Meer ambivalent. Das *Deichmuseum Land Wursten* gibt mit seinen Exponaten einen umfassenden Einblick in diesen facettenreichen Lebensbereich im Lande Wursten.

Durch die Verlagerung des Weserstroms gingen die Dörfer Rintzeln und Remintzel unter. Ein Gedenkstein in Wremen-Schmarren am Weserdeich erinnert an die volkstümliche Erklärung für diese Katastrophe.

18

Herr-Hof
Alte Kreisstraße 4
27639 Misselwarden/
Wurster Nordseeküste
04742 9269970
www.alpakas-vom-
herr-hof.de

Weidenzentrum e.V.
Rotthausener Weg 1
27639 Wurster Nordsee-
küste-Padingbüttel
04742 2226
www.weidenzentrum.de

ALPAKAS AUF DEN WURSTER WEIDEN

Herr-Hof mit Café in Misselwarden

Im Cuxland ist viel Platz für alle, die ihren Traum vom Leben auf dem Land und an der Küste verwirklichen möchten. Ob sie einen Resthof für die Pferdehaltung führen oder als Segler vor der eigenen Haustür in See stechen wollen – viele Naturverbundene und Kreative nennen das Cuxland ihre (neue) Heimat. Dagmar und Andreas Herr aus Stuttgart stehen beispielhaft für diese Kreativität. Sie gaben ihr Planungsbüro in der Nähe der baden-württembergischen Landeshauptstadt auf, um auf einem alten Wurster Hof Alpakas zu züchten.

»Alpakas sind süß. Viel zu süß, um sie zu scheren«, empörte sich einmal eine Besucherin. Wirklich, die Herde mannshoher, ein wenig kamelartig aussehender Tiere hat schon etwas Rührendes. Beine und Buckel scheinen sie unbeholfen zu machen. Und diese großen Augen mit den langen Wimpern! Doch vom ersten Kontakt mit den Neuweltkamelen, wie die Alpakas auch genannt werden, bis zur Gründung der Zucht war es für die Herrs ein langer Weg. Es galt für die Architektin und den Bauingenieur, sich Grundkenntnisse in der Aufzucht und Pflege der Alpakas anzueignen. Dann musste das Scheren erlernt werden, das selbstredend zum Wohle der Tiere geschieht, die Verarbeitung der Wolle und natürlich deren Vermarktung.

Die Herrs nutzen dazu verschiedene Strategien. Sie sind mit der Alpaka-Wolle auf Märkten zu finden und veranstalten selbst Hofbesichtigungen und Märkte. Doch die beste Vermarktungsstrategie liefern die Alpakas selbst. Ihre Wolle und ihr Vlies, das das »Vlies der Götter« genannt wird, verkaufen die Herrs vor allem als Bettdecken, Unterdecken und Kissen. Die Bettdecken sind antibakteriell und gut wärmeregulierend. Sie sollen bei allerlei Krankheiten helfen. Vor allem bieten sie guten Schlafkomfort. Ob die Herrs mit ihren Alpakas ein Vermögen verdienen können? Sicher gibt es Wichtigeres für sie.

In Padingbüttel befindet sich das *Weidenzentrum e. V.* Hier können Sie nicht nur das Flechten mit Weidenzweigen lernen, sondern viele andere Angebote vom Filzen bis zum Singen nutzen.

14

Die Museumsinsel in Wremen beherbergt das **Museum für Wattenfischerei**
Wurster Landstraße 118
27638 Wremen/
Wurster Nordseeküste
04705 950036
www.museum-wremen.de

Wurster Webstube
Wremer Straße 140
27639 Wurster
Nordseeküste
04705 752
www.nordseebad-wremen.de

»Uns lütt Leben«

Museumsinsel Wremen

Wussten Sie schon, dass nicht nur Berlin eine Museumsinsel sein Eigen nennen kann? Das Nordseebad Wremen steht der Bundeshauptstadt sicher in vielen Punkten nach, aber eine Insel mit zwei Museen beheimatet auch sie. Den auffälligsten Bestandteil der Museumsinsel stellt der Krabbenkutter *Koralle* dar, der zur Besichtigung freigegeben ist. Bis 1991 fischten Hermann Friedhoff und sein Schwiegersohn Hanke Jatzen bei Wind und Wetter mit ihm Krabben.

Um Wattenfischerei ganz anderer Art geht es unter anderem im Krabbenfischermuseum Wremen: Da ist zum einen die Reusenfischerei auf den Watten, wie sie bis in die 50er-Jahre vielfach betrieben wurde. Um zu den schwer erreichbaren Fanggründen zu kommen, benutzten diese Fischer einen Hundeschlitten. Ebenfalls gebräuchlich war das Fischen mit dem Handnetz, das meist von den Frauen übernommen wurde. Natürlich widmet sich das Museum ebenfalls der Krabbenfischerei mit Kuttern. Wie dies alles geschah und welche Gerätschaften und Werkzeuge benutzt wurden, zeigt das Museum mit Originalen, Dioramen und Schaubildern. Besonders empfehlenswert sind die Filme, die vom Leben der Reusenfischer erzählen. Die Arbeit im Museum hat der *Wremer Heimatkreis 85 e. V.* übernommen. Seinen Mitgliedern und der Unterstützung der Gemeinde ist es zu verdanken, dass das Museum in einem der ältesten Gebäude Wremens untergebracht werden konnte.

Einem fröhlichen Thema hat sich das Kuriose Muschelmuseum im Nachbarhaus gewidmet. Eine Unzahl von Muscheln aus allen Weltmeeren muss gesichtet worden sein, um hier die seltsamsten und fantasieanregensten Exemplare zusammentragen zu können. Ungefähr 4.000 Mal können die Besucher über die Namen der Muscheln schmunzeln und die aus Muscheln zusammengesetzten Plastiken und Collagen bewundern.

Ganz in der Nähe der Museumsinsel können Sie in der *Wurster Webstube* Handgewebtes, Wolle oder Tee nach Herzenslust einkaufen.

15

Vorgeschichtspfad Sievern
An der Pipinsburg
27607 Geestland
04745 94390
www.burg-bederkesa.de

Abstecher in Urzeiten

Pipinsburg und Vorgeschichtspfad in Sievern

An der L135, kurz vor Sievern, ragt der hohe Ringwall der Pipinsburg empor. Jedes Mal, wenn mich als Kind der Weg an der Pipinsburg vorbeiführte, schlug meine Fantasie Purzelbäume. Piraten oder Riesen wohnten dort, so hätte ich geschworen. Nein, Riesen gibt es zwischen den sechs Meter hohen Wällen nicht. Auch Pipin, der Vater Karls des Großen, hat mit der Anlage nichts zu tun. Aber spannend ist ihre Geschichte dennoch.

Erbaut wurde die Pipinsburg wahrscheinlich um 1000 n. Chr., wie Bodenfunde aus der Burg beweisen. Burgherren waren wahrscheinlich die Ritter von Bederkesa. Die Anlage diente wohl der Sicherung der Kreuzung zwischen dem Alten Postweg und der Sieverner Aue. Dieser heute kleine Bach war einst schiffbar und konnte als Zugang zur Weser benutzt werden. Eine solche Stelle musste aus strategischen Gründen bewacht werden. Und so bestand die Anlage wahrscheinlich 400 Jahre lang.

Etwas hinter der Pipinsburg liegt die flachere Heidenschanze. Sie wurde circa um Christi Geburt angelegt und fungierte vermutlich als Stapelplatz. Die Anlage hat eine Fläche von ungefähr einem Hektar. Drei Wälle umspannen die Heidenschanze, in ihr wurden deutliche Siedlungsspuren festgestellt. Eine dritte Wallanlage, die Heidenstadt, schließt sich hier an, die vermutlich ein wenig älter als die Heidenschanze ist. Alte Ackerflure aus der Nähe weisen vielleicht auf eine Besiedelung hin. Ob die Bewohner der Heidenschanze sogar Handel mit den Römern trieben, konnte bisher nicht bewiesen werden.

Ganz in der Nähe finden sich die Reste eines Großsteingrabes aus dem 3. vorchristlichen Jahrtausend. Das sogenannte Bülzenbett wurde von den Menschen der Trichterbecherkultur errichtet, aber später von einer nachfolgenden Kultur, den Glockenbecherleuten, weiter benutzt.

Der Alte Postweg ist in seiner ganzen Länge innerhalb des Cuxlandes als Radweg befahrbar. Vielleicht haben Sie Lust auf eine kleine Radtour.

16

Ochsenturm
Beim Ochsenturm
27607 Imsum/Geestland

Touristinfo Moortherme
Berghorn 13
27624 Bad Bederkesa
04745 94335
www.geestlanderleben.de

DIE KIRCHE AM DEICH

Ochsenturm in Imsum

Dort, wo der Sporn der Stadt Geestland den Weserstrand erreicht, liegt Imsum. Bis 1954 hieß das Dorf Dingen und war Teil eines Kirchspiels, das den Namen Imsum trug. Das Kirchspiel wurde von den Dörfern Lebstedt, Weddewarden und eben Dingen gebildet. Bereits 1218 wurde die zugehörige Bartholomäuskirche erwähnt, die ungefähr in der Mitte zwischen den Dörfern lag. Doch die Weihnachtsflut des Jahres 1717 traf das Kirchspiel hart. Das Dorf Lebstedt versank in der Weser. Nun war nicht nur ein großer Verlust an Menschenleben zu beklagen, sondern die gemeinsame Kirche war ins sprichwörtliche Abseits geraten. Nach und nach geriet Lebstedt in Vergessenheit.

Und mit den Jahren kam eine Sage über den Ort der Kirchgründung auf: Die Kirchenvorstände von Dingen und Weddewarden hätten sich nicht über den Standort für die gemeinsame Kirche einigen können. So banden sie zwei Ochsen zusammen und ließen sie laufen. Dort, wo sie sich niederlegen würden, sollte die Kirche gebaut werden. Und so geschah es. Doch zum Schaden der beiden Dörfer legten sich die Ochsen außerhalb der beiden Gemeinden hin. Daher der seltsame Standort und der Name des Ochsenturms. Natürlich ging die Zeit nicht spurlos an der alten Kirche vorüber. Im Jahre 1895 wurde das Gebäude schließlich wegen Baufälligkeit abgerissen. Nur der Turm blieb, als Zeichen für die Seefahrt, stehen.

Der Ochsenturm ist ein denkwürdiger Ort. Alle Gegensätze der Region sind hier vereint. In Sichtweite ragen die ersten Kräne des Bremerhavener Containerterminals in den Himmel. Trotzdem liegt der Ochsenturm so verschwiegen hinter dem Deich, dass der Weg dorthin nicht so einfach zu finden ist. Vom Turm aus ist der Blick besonders schön, wenn nach der *Sail* die auslaufenden Segler den Ochsenturm passieren.

Die *Sail* in Bremerhaven ist eines der größten Windjammertreffen Europas. Alle fünf Jahre wird Bremerhaven zum Mittelpunkt für alle, die Großsegler lieben.

17

Die Strandhalle

Sightseeing mit der Fähre
Fähranleger: An der
Geeste 20
27570 Bremerhaven
www.weserfaehre.de

Deutsches Schifffahrtsmuseum
Hans-Scharoun-Platz 1
27568 Bremerhaven
0471 482070
www.dsm.museum

WAHRZEICHEN AN DER WASSERSEITE

Sightseeing mit der Fähre

Die altbewährten Sehenswürdigkeiten Bremerhavens sehen Sie am besten vom Wasser aus. Wenn Sie beim Auslaufen der Fähre nach Nordenham an Deck stehen, sehen Sie zuerst den modernen Bau des Deutschen Schifffahrtsmuseums (DSM). Das DSM ist an Vielfalt kaum zu überbieten. Das von Hans Scharoun entworfene Gebäude steht wegen seiner architektonischen Besonderheiten unter Denkmalschutz. Im Inneren können Gäste eine Hansekogge aus dem Jahr 1380 bewundern. Die Abteilungen der Dauerausstellungen beschäftigen sich mit den verschiedensten Themen: vom Bootsbau über die Navigation bis hin zur Windjammer. Die Bandbreite der Schiffe, die im Museumshafen liegen, ist einzigartig. Vom Walfänger bis zum Hafenschlepper können zahlreiche unterschiedliche Wasserfahrzeuge besichtigt werden

Im Schatten des herausstechenden *Atlantic Hotels Sail City,* des größten Gebäudes der Stadt, liegt die Strandhalle, die im 20. Jahrhundert erbaut wurde. Der rote Klinkerbau von 1913 beherbergt das gleichnamige Restaurant, das neben delikater deutscher Küche großzügige Frühstücks- und Abendbuffets anbietet. Auf der angrenzenden Terrasse genießen Gäste eine einmalige Aussicht über die Weser – ein idealer Ausklang nach einem Besuch des Bremerhavener *Zoos am Meer*, der direkt um die Ecke liegt.

Von der Fähre aus am Rande des Blickfelds steht ein roter Leuchtturm im Stil der Bausteingotik. Im Jahre 1853 – in Bremerhaven begann die Entwicklung zur Hafenstadt – waren repräsentative Gebäude vonnöten. Deshalb erhielt der Bremer Architekt Simon Loschen den Auftrag zum Bau des Oberfeuers Bremerhaven. Nach zwei Jahren war das neue Wahrzeichen Bremerhavens fertiggestellt. Mit seinen knapp 40 Metern Höhe weist der Loschenturm, zusammen mit dem rot-weißen, minarettartigen Unterfeuer, den Seefahrern den Weg zur Schleuse und in den Neuen Hafen.

Das Stadttheater Bremerhaven hat für Schauspiel, Musik und Tanz ein eigenes Ensemble. Das macht ein vielseitiges und immer wieder qualitativ hochwertiges Theatererlebnis möglich.

18

Bremerhavener Havenwelt
Deutsches Auswandererhaus
Columbusstraße 65
27568 Bremerhaven
0471 902200
www.dah-bremerhaven.de

Klimahaus Bremerhaven
Am Längengrad 8
27568 Bremerhaven
0471 9020300
www.klimahaus-bremerhaven.de

FREIZEITVIELFALT AUF DEN PUNKT

Havenwelten mit Auswandererhaus und Klimahaus

In den letzten Jahren ist Bremerhaven um einige Sehenswürdigkeiten bereichert worden, die weit über das Cuxland hinausstrahlen. Unter dem Sammelbegriff *Havenwelten* sind sie bekannt geworden und vereinen sehenswerte Ausstellungen sowie Freizeitangebote für alle Altersklassen.

Das *Deutsche Auswandererhaus* lässt 300 Jahre Auswanderung Revue passieren. Als Gast bekommen Sie mit der Eintrittskarte die Daten eines einstigen Emigrierenden ausgehändigt und können dessen persönlichen Weg in die Neue Welt nachverfolgen, von der Herkunft über die Beweggründe des Aufbruchs bis zur Schiffsreise und der Einreise in die Vereinigten Staaten von Amerika über Ellis-Island. Die Stationen werden nicht im Rahmen eines Lesemarathons durchlaufen, sondern den Besuchern mittels Installationen, moderner Technik und Hörproben nähergebracht. Der Bereich *Einwanderung* wiederum befasst sich mit unserem Land aus der Perspektive von Migranten.

Im *Klimahaus Bremerhaven* können Gäste in nur wenigen Stunden eine Weltreise unternehmen. Entlang des 8. östlichen Längengrades erleben Sie die Schweizer Alpen, die Sahelzone und die Antarktis. Durch die lebensechten Kulissen, Gerüche und Geräusche wird die Reise unvergesslich, und vor allem die Tiere und Pflanzen der jeweiligen Region bleiben in Erinnerung. Aber hier lässt sich nicht nur ein spannender Tag verbringen, sondern auch ein lehrreicher. Im Fokus stehen die Faktoren, die das Weltklima beeinflussen, während Wege aufgezeigt werden, wie wir individuell im Alltag mithelfen können, das Klima zu schützen.

Weithin sichtbar ist das *Atlantic Hotel Sail City*, dessen Architektur an ein Segel erinnert. Von der Aussichtsplattform aus schweift der Blick weit jenseits der Häfen Bremerhavens und der Wesermündung. Im nahen Einkaufszentrum mit südlichem Flair können Besucher auf einer Piazza unter der Kuppel gemütlich Kaffee trinken.

Bremerhavens Weserpromenade mit Ausblick über die Weser und nach Butjadingen ist nach so viel Bildung sicher erholsam.

19

Zoo am Meer
Hermann-Henrich-Meier-Straße 7
27568 Bremerhaven
0471 308410
www.zoo-am-meer-bremerhaven.de

AUG IN AUG MIT EINEM EISBÄREN

Zoo am Meer

Die Stars des Zoos heißen Valeska, Anna und Elsa, besitzen glänzendes weißes Fell und bringen zusammen rund 500 Kilo auf die Waage. Kein Wunder, dass das Eisbärentrio regelmäßig für Trauben staunender Menschen sorgt! Besonders die Zwillinge Anna und Elsa haben einen enormen Spieldrang, werfen immer wieder Bälle ins Wasser, um dann mit einem großen Sprung hinterherzufliegen.

Der Zoo in Bremerhaven ist wie eine kleine Felseninsel im Wasser gestaltet. Ursprünglich eröffnete der *Zoo am Meer* 1913 als ein reines Nordsee-Aquarium. 1928 kamen Gehege und Wasserbecken hinzu, zwischen 2001 und 2004 wurde die Anlage komplett neu gebaut. Das Besondere: Es gibt fast keine Gitter mehr, die Besucher können die Tiere durch Scheiben beobachten. So nah wie hier kommt man Eisbär, Robbe, Pinguin und Co. wahrscheinlich nie wieder. Alle Glasfronten reichen bis zum Boden – selbst die Kleinsten können also Polarfüchse und Pumas auf Augenhöhe betrachten. Und wer noch nicht lesen kann, erfährt auf bunten Klappschildern, wer einen da so neugierig aus dem Gehege anguckt.

Der Bremerhavener Zoo, direkt am Deich der Unterweser gelegen, ist übrigens die kleinste Einrichtung, die der Gemeinschaft der wissenschaftlich geleiteten Zoos angehört. Aber er ist auch aus anderen Gründen außergewöhnlich. Oder wann haben Sie schon einmal einen Seehasen oder einen Tintenfisch gesehen, der seine Bahnen durchs Wasser zieht? Das Aquarium zeigt verschiedene Lebensräume der Nordsee, insgesamt 500 Meerestiere aus 54 Arten. Auch hier trennen Tiere und Besucher nur Glas. Fast bekommt man den Eindruck, Teil der Unterwasserwelt zu sein und mit dem Seewolf und Katzenhai um die Wette schwimmen zu können.

Falls Sie gerne wissen möchten, was Robben und Pinguine verspeisen: Schauen Sie bei den Fütterungen zu! Die Zeiten erfahren Sie am Eingang.

20

Container-Aussichtsturm
An der Nordschleuse
27568 Bremerhaven

Erlebnis Bremerhaven GmbH
Hermann-Henrich-
Meier-Straße 6
27568 Bremerhaven
0471 80936100
www.bremerhaven.de

DICKE PÖTTE VON OBEN BEOBACHTEN

Container-Aussichtsturm

Dicke Pötte am Terminal, Autotransporter in der Nordschleuse oder ein Kreuzfahrtschiff in der Lloyd-Werft – auf dem Container-Aussichtsturm in Bremerhaven weiß man gar nicht, wo man zuerst hingucken soll! In jedem Fall schaut man nach unten, denn die Plattform befindet sich in zwölf Meter Höhe. Das beeindruckt Sie wenig? Spätestens, wenn Sie über die luftigen Gitterstufen im Inneren der Container die obere Ebene erklimmen, werden Sie anders denken.

Der Ausblick ist unschlagbar – auf einen der größten geschlossenen Container-Terminals Europas. Die Stromkaje ist rund 5.000 Meter lang, bis zu 14 große Schiffe können anlegen. Falls dort zufällig gerade Ruhe herrschen sollte, haben Sie vielleicht an der zweitgrößten Schleuse Deutschlands Glück. Die wird hauptsächlich von imposanten Autotransportern genutzt. Ein bisschen Geduld ist allerdings – je nach Wasserstand – gefragt. Ein kompletter Schleusenvorgang der Riesen, die bis zu 335 Meter lang und 42 Meter breit sein können, dauert zwischen 15 und 45 Minuten. Infotafeln auf der Plattform helfen, den Prozess nachzuvollziehen. Auch die anderen Sehenswürdigkeiten der unmittelbaren Umgebung werden mit Hintergrundwissen vorgestellt. Wussten Sie zum Beispiel, dass Bremerhaven der größte deutsche Standort für Schiffsreparaturen ist? Alleine die Lloyd-Werft, die Sie ebenfalls vom Turm aus sehen können, verfügt über zwei Trocken- und zwei Schwimmdocks, an denen überholungsbedürftige Pötte anlegen können.

Übrigens: Die Konstruktion, die insgesamt aus zwölf Containern besteht, wurde mit Geld- und Sachspenden von mehr als 30 Unternehmen gebaut. Eintritt zahlen müssen Sie nicht. Eine kleine Portion Mut mitbringen sollten Sie hingegen schon.

Der Aussichtsturm ist das ganze Jahr über täglich geöffnet. Sie können gar nicht genug von Containerschiffen bekommen? Machen Sie doch noch eine Tour mit dem Hafenbus! Weitere Informationen bietet die Website der Stadt.

21

Treffpunkt Kaiserhafen – Die letzte Kneipe vor New York
Franziusstraße 92
27568 Bremerhaven
0471 42219
www.treffpunktkaiser-hafen.de

DIE LETZTE KNEIPE VOR NEW YORK

Gaststätte *Treffpunkt Kaiserhafen*

Eine alte Tauchermontur mit kupfernem Helm, eine Galionsfigur, daneben Nebelhorn und Steuerrad, gehüllt in gedämpftes Licht von blank geputzten Schiffslampen – die Einrichtung im *Treffpunkt Kaiserhafen* passt perfekt zum Standort: Die Gaststätte und Seemannskneipe befindet sich direkt an der Alten Bananenpier im Überseehafen in Bremerhaven.

Martin Benecke, langjähriger Pächter und Betreiber des Restaurants, hat die Kuriositäten nicht etwa gekauft. Er hat sie überwiegend von Seeleuten erhalten, die sie nach vielen Jahren auf den Weltmeeren als Geschenke von Bord mitgebracht haben. Auch das Lokal schaut auf eine lange Geschichte zurück. Nach dem Zweiten Weltkrieg wurde es von Hafenarbeitern genutzt, um sich bei schlechtem Wetter bei einem heißen Essen aufzuwärmen und nach Feierabend ein Bier zu trinken (okay, manchmal auch mehrere). Seit den 1980er-Jahren sind die Räume verpachtet und der ehemalige *Treffpunkt* – inzwischen auch bekannt als *Die letzte Kneipe vor New York* – wurde Schritt für Schritt das, was er heute ist: ein Restaurant für ein bunt gemischtes Publikum. An den rustikalen Holztischen sitzen Hafenarbeiter und Schiffsleute neben Managern, Einheimischen und Ausflüglern.

Dass man sich nicht wie im Museum, sondern in einer lebhaften Gaststätte fühlt, hat wahrscheinlich mit der Art zu tun, wie Martin Benecke den Betrieb führt. Für ihn, der selbst aus einer Schifferfamilie stammt, steht statt maritimer Folklore ein aufrichtiges Interesse an der Seefahrt im Vordergrund. Ebenso wie die Gäste, denen er überwiegend norddeutsche Küche mit Hausmannskost und Fischgerichten anbietet. Deftig, aber lecker!

Übrigens: Auch der alte Taucheranzug mit dem Kupferhelm ist keine reine Deko – er gehörte einem Bremer Hafentaucher.

Entscheiden Sie sich für den Klassiker, das Fischerfrühstück! Das Gericht aus Krabben, Bratkartoffeln und Spiegelei passt zum maritimen Ambiente am Kaiserhafen.

WESERMARSCH MIT BUTJADINGEN

22

Fähranleger Blexen
26954 Nordenham

Weserfähre GmbH
Zur Hexenbrücke 11
27570 Bremerhaven
0471 3003600
www.weserfaehre.de

ZWÖLF MINUTEN AUF GROSSER FAHRT!

Weserfähre von Blexen nach Bremerhaven

Polternd rollt der Lastwagen auf das Schiff, gefolgt von einem Wohnmobil und einem signalroten PKW. Radler lehnen ihre Fahrräder an die Reling, Fußgänger stellen Taschen neben sich aufs Deck. Hoch oben im Führerhaus wirft Herbert Otten einen Blick auf die Uhr. »So, geht los«, sagt der Kapitän und drückt den Hebel nach unten. Die Weserfähre nach Bremerhaven legt in Blexen ab.

Etwa zwölf Minuten dauert die Überfahrt. Eine schöne Auszeit vom Alltag, in der man Boote betrachten, Möwen beobachten und sich den Wind um die Nase wehen lassen kann. Es riecht nach Diesel, salziger Luft und auch ein bisschen nach Freiheit. Denn ist eine Schiffsfahrt nicht immer etwas Besonderes – auch wenn sie nach einer knappen Viertelstunde schon wieder vorbei ist?

Klar, man könnte auch den Wesertunnel wählen, der weiter südlich 1,4 Kilometer durch den Fluss führt. Direkt nach seiner Eröffnung 2004 haben das auch viele gemacht. Doch mit der Zeit änderte sich das. Heute ist an Deck wieder viel los: Urlauber genießen die Flusstour genauso wie Einheimische und Berufspendler. Auch auf der Weser ist heute Betrieb: Schnittige Jollen kreuzen mit geblähten Segeln, Sportboote flitzen an der Fähre vorbei. Diese nähert sich der Bremerhavener Skyline – ein imposantes Panorama mit dem Hotel *Atlantic Sail City,* dem ufoartigen Klimahaus und der Glaskuppel des Einkaufszentrums.

Kapitän Herbert Otten war früher auf großen Tankern unterwegs, auf dem Rhein und auf der Elbe. Ist es da nicht ein kleines bisschen langweilig, täglich die gleiche Route zurückzulegen, eine Strecke von gerade einmal dreieinhalb Kilometern? »Überhaupt nicht!«, erwidert er. »Man muss genau gucken, wer auf der Weser unterwegs ist. Man weiß nie genau, was passiert. Und jeder Tag ist anders. In welchem Job hat man das schon?«

Falls Sie kein Vegetarier sind: Probieren Sie die Bockwurst in der Kantine – sie ist ein echter Klassiker.

23

St.-Hippolyt-Kirche
Deichstraße 12
26954 Nordenham-Blexen
Kirchenbüro: 04731 31104
www.kirche-blexen.de

EIN MISSIONAR IM ORT DES BLITZES

St.-Hippolyt-Kirche in Blexen

Die St.-Hippolyt-Kirche ist das älteste Gotteshaus der Wesermarsch, sie gilt als der Ursprungsort des christlichen Glaubens für die gesamte Region. Und auf der Predigertafel aus dem Jahr 1688 findet sich ein berühmter Name: Der Friesenmissionar Willehad wird als erster Kanzelredner aufgeführt. Willehad war etwa ab 770 als Geistlicher in Friesland und im Gebiet der Sachsen aktiv und sollte später der erste Bischof von Bremen werden.

St. Hippolyt wurde im 11. und 12. Jahrhundert errichtet. Einen Vorgängerbau aus Holz gab es jedoch schon früher; die erste Kirche wurde 840 erwähnt. Ihr Standort war klug gewählt: Das Gotteshaus steht auf der höchsten Stelle am Rande einer Wurt an der Wesermündung. An diesem Platz konnte sie den Menschen bei verheerenden Sturmfluten über viele Jahrhunderte Schutz bieten.

Das Interieur des Gebäudes stammt überwiegend aus der frühen Barockzeit. Auch findet man – wie in vielen Kirchen in der Wesermarsch – eine prachtvolle Ausstattung von Ludwig Münstermann. Von ihm stammt der Altar aus dem Jahr 1610, der später allerdings stark verändert wurde. Die Kanzel konnte der Schnitzer und Bildhauer nicht mehr selbst anfertigen: Nach seinem Tod übernahm der Sohn des Meisters die Aufgabe. Zusammen mit der flachen, mit Ornamenten verzierten Holzbalkendecke und der in derselben Farbe gehaltenen Orgel, die über 22 Register verfügt, ergibt sich ein harmonisches Gesamtbild.

Am Ort seiner Anfänge schloss sich auch der Lebenskreis für Willehad. An Allerheiligen 789 weihte er den ersten Dom zu Bremen, der damals noch ein Holzbau war. Eine Woche später starb er während einer Visitationsreise in Blexen an heftigem Fieber. Die Siedlung trug damals übrigens noch einen anderen Namen: Pleccatesheim – Ort des Blitzes.

Wer mehr über den Sakralbau erfahren möchte, kann sich einer Führung anschließen, unter anderem geht es hoch hinaus auf den Turm. Die Termine kann man im Kirchenbüro erfragen.

24

Nordenhamer Wochenmarkt
Marktplatz
26954 Nordenham

Nordenham Marketing & Touristik e.V.
Marktplatz 7
26954 Nordenham
04731 93640
www.nordenham.de

KLÖNSCHNACK BEI OBST UND GEMÜSE

Wochenmarkt auf dem Marktplatz

»Moin!« Wer mit Regina Lindhorst auf dem Wochenmarkt unterwegs ist, bleibt alle paar Minuten stehen. Sie kennt nicht nur jede Ecke des Marktes, sondern gehört quasi selbst zum Inventar. Kein Wunder: Regina Lindhorst ist Marktmeisterin. Ihr Job? »Kleine und manchmal auch etwas größere Probleme lösen«, sagt die Nordenhamerin und winkt einem Gemüsehändler zu.

Der Nordenhamer Markt ist eine Institution. Jeden Dienstag und Freitag bauen Erzeuger aus der Region auf dem Marktplatz in der Nordenhamer Innenstadt ihre Stände auf. Den ganzen Vormittag wechseln verschiedenste Waren den Besitzer: Von Kartoffeln, Blumenkohl, Kopfsalat, Tomaten, Gurken und Eiern über Bananen, Äpfel und Beeren bis zu Filet vom Weiderind – die Auswahl ist groß. Insgesamt 46 Händler bieten ihre Produkte an, unter anderem bringen sie auch Pflanzen, Blumen und Kurzwaren mit. Genau dieses bunte Angebot macht den Markt zu einem Erlebnis. Es riecht nach frisch gebackenem Brot, geräuchertem Fisch und Kräutern. Ein paar Meter weiter lässt sich ein Gast eine Bratwurst vom Grill schmecken und liest Zeitung, eine mobile Kaffeebar sorgt für eine Koffeinstärkung.

Wer den Wochenmarkt besucht, sollte Zeit mitbringen und mit offenen Augen durch die Gänge gehen, findet Regina Lindhorst. »Neulich habe ich geraucherte Garnelen probiert und pechschwarze Seife entdeckt. Toll, oder?« Bevor man zustimmen kann, dreht sie sich um und grüßt einen Kartoffelhändler: »Moin!« Das Allerwichtigste sei jedoch immer noch der Klönschnack. »Hier trifft man immer jemanden, mit dem man kurz reden und die neusten Infos austauschen kann.« Regina Lindhorst winkt kurz zum Abschied und verschwindet dann hinter einem Blumenstand. Sie muss weiter – kleinere und manchmal auch etwas größere Probleme lösen.

Fast genauso viel Spaß wie ein Klönschnack macht es, das bunte Treiben auf dem Marktplatz zu beobachten. Bestellen Sie Kaffee und Kuchen in einem der umliegenden Cafés und legen Sie eine Pause ein!

25

Freizeitbad Störtebeker
Atenser Allee 48
26954 Nordenham-Atens
04731 5050
www.nordenham.de/de/freizeit/hallenbaeder

MIT EINEM FREIBEUTER SCHWIMMEN

Freizeitbad Störtebeker in Atens

Er war ein berühmter Seeräuber, der Handelsschiffe von reichen Kaufleuten angriff, um die Beute unter den Armen zu verteilen: Klaus Störtebeker. Zwar mag der Freibeuter im 14. Jahrhundert Angst und Schrecken auf dem Meer verbreitet haben – im Nordenhamer Hallenbad wirkt er hingegen ziemlich entspannt. Die Figur mit Augenklappe, Seemannskluft und Schatzkiste überwacht das Erlebnisbecken und behält auch noch den Überblick, wenn um sie herum Kinder im sprudelnden Wasser toben.

Das Freizeitbad Störtebeker ist sowohl bei schlechtem als auch bei bestem Wetter einen Besuch wert. Wer sportlich seine Bahnen ziehen will, der kann das im 25×12,5 Meter großen Becken tun. Auf einer mehr als 60 Meter langen Riesenrutsche geht man auf Rekordjagd; die Zeit wird von einer Messanlage gestoppt. Entspannt wird es im Erlebnisbecken mit Strömungskreiseln, Geysiren und Massageduschen. Und die Kleinsten können im Babybecken planschen und mit einer Riesen-Wasserschlange spielen.

In den Sommermonaten besteht die Möglichkeit, aus der Halle direkt ins Außenbecken zu schwimmen. Wer sich abkühlen möchte, testet am besten die Wellenrutsche. Aber heiße Temperaturen sollten insgesamt kein Problem sein: Erfrischt man sich nicht gerade im Wasser, spenden alte Bäume auf den Liegeflächen des rund 8.500 Quadratmeter großen Geländes Schatten. Für Abwechslung sorgen außerdem eine Tischtennisplatte, ein Volleyballfeld und große Schachfiguren. Mit einem Babybecken wurde auch unter freiem Himmel an die Kleinsten gedacht.

Wer bei so viel sportlichen Aktivitäten Hunger und Durst bekommt, setzt sich mit einer Limo, Eis oder Süßigkeiten in die Milchbar. Sie bietet eine gute Aussicht auf das bunte Treiben im Schwimmbad – und auf einen entspannten Klaus Störtebeker.

Jeden Freitagnachmittag, außer in den Sommerferien, findet ein Spielenachmittag im Schwimmbecken statt – unter anderem mit einer großen Badeinsel.

26

Historisches Kaufhaus
Butjadinger Straße 101
26954 Nordenham-Abbehausen
0173 2358265
www.historisches-kaufhaus-abbehausen.de

EINE ZEITREISE UNTERNEHMEN

Historisches Kaufhaus in Abbehausen

Ein Drogerieschrank von 1915, ein Tannenbaumständer, der Musik macht, und ein abgegriffenes Anschreibbuch aus dem Jahr 1880 – das Historische Kaufhaus ist eine Schatztruhe und schickt die Besucher auf eine Zeitreise durch die regionale Kaufmannsgeschichte. Das Außergewöhnliche: Man kann auch heute noch einkaufen!

Aber der Reihe nach. Im Mai 1853 gründete Johann Hermann Büsing im ehemaligen Posthaltergebäude eine Gemischtwarenhandlung. Nach einer Geschäftsübernahme 1897 wurde das heutige Gebäude errichtet. Das Kaufhaus entwickelte sich weiter, alle Inhaber verkauften über die Zeit nicht nur Haushaltswaren an ihre Kunden, sondern sammelten und bewahrten auch Gegenstände, Rechnungen, Kassenbücher und viele private Aufzeichnungen. Heute ist Tanja Schiller Eigentümerin des denkmalgeschützten Gebäudes, das aus zwei Bereichen besteht: dem Ladengeschäft, in dem ihre Schwägerin Susanne Schiller Haushaltswaren, Wolle und Bastelartikel verkauft, und der Ausstellung, die man sich nach Voranmeldung anschauen kann. Im Museum gibt es einiges zu entdecken: historische Küchengeräte wie Kaffeemühlen, Wiegen und Messer genauso wie bunte Schaupackungen aus verschiedenen Jahrzehnten. Skurril: Zu fast jedem Gegenstand existiert noch eine Rechnung – fein säuberlich abgelegt in einem der vielen Papierkartons, die sich bis unter die Dachbalken stapeln. Auch Quittungen, Lieferscheine und alte Kataloge schlagen einen Bogen in die Vergangenheit.

Die Sammlung ist spannend, weil sie so vielfältig ist. Nicht nur Plakate, Emailleschilder und ein Kurbeltelefon kann man sich anschauen, sondern auch Gusseisenöfen. Sie wurden allerdings längst in den Ruhestand geschickt: Der Ofen, der heute im Kontor für wohlige Wärme sorgt, ist deutlich jünger – und besitzt selbstverständlich eine aktuelle Zulassung.

Der Laden ist freitags und samstags geöffnet. Einen großen Teil der Ausstellung kann man an diesen Tagen auf eigene Faust erkunden. Führungen sind nach Voranmeldung möglich. Weitere Informationen sind telefonisch erhältlich.

27

Butjenter Brauhaus
Butjadinger Straße 67–69
26954 Nordenham-
Abbehausen
04731 93880
www.butjadinger-tor.de

FRIESENHÄUPTLING KENNENLERNEN

Butjenter Brauhaus in Abbehausen

Was haben *der Butjenter Zwickel*, das *Moorseer Mühlenweizen* und der *Friesenhäuptling* gemeinsam? Ganz einfach: Bei allen handelt es sich um Biersorten – und es gibt sie nur in der Wesermarsch.

Schon lange, bevor Craft Beer und regionale Produkte plötzlich hip wurden, hatte der Nordenhamer Gastronom Udo Venema den Traum, seinen Hotelbetrieb in Abbehausen um ein Brauhaus zu erweitern. Die Idee: eine gemütliche Gastwirtschaft mit blitzblanken Kupferkesseln, rustikalen Speisen und eigenen Biersorten – gebraut ohne Schnickschnack, aber mit viel Herzblut. Da gute Einfälle manchmal etwas länger brauchen, bis sie ausreifen, nahm auch die Umsetzung mehr Zeit in Anspruch, als ursprünglich geplant. Dafür wurde jedoch alles bis ins Detail durchdacht und 2016 mit viel Liebe zum Detail verwirklicht.

Heute bildet ein kleines Sudwerk das Herzstück der gemütlichen Gasthausbrauerei. Ein- bis zweimal die Woche vermischt Braumeister Andreas Christiani Malz mit Wasser zu Maische, kocht die Würze mit Hopfen und überwacht akribisch die anschließende Gärung im Tank.

Acht bis zehn Stunden dauert der Vorgang in den Kupferkesseln, rund 1.000 Liter Würze entstehen pro Sud. Während die Hefe im Gärtank den Gärprozess ankurbelt und sich der Zucker und die Würze langsam in Alkohol und Kohlensäure verwandeln, entsteht das Bier.

Derweil wird auf den Holztischen rund um den Kupferkessel *Butjenter Zwickel* oder *Friesenhäuptling* ausgeschenkt. Wer möchte, kann sich zu den Gerichten rustikales Brot bestellen, hergestellt aus dem entstandenen Treber und gebacken von einer örtlichen Bäckerei.

Anders als bei vielen Craft-Beer-Sorten wird im Butjenter Brauhaus nach dem Deutschen Reinheitsgebot gebraut. Denn das war ja Udo Venemas ursprüngliche Idee: eine Gastronomie mit viel Herzblut, aber ohne Schnickschnack.

Sie möchten erleben, wie Bier hergestellt wird? Das Butjenter Brauhaus bietet Besichtigungen an. Rufen Sie im Brauhaus an und erfahren Sie die nächsten Termine.

28

Landhaus Tettens
Am Dorfbrunnen 17
26954 Nordenham-Tettens
04731 39424
www.landhaus-tettens.de

BESTE QUALITÄT FÜR ALLE

Landhaus Tettens

Strahlend weiß verputzt, mit Reet gedeckt und direkt hinterm Deich: Das ehemalige Bauernhaus ist ein Blickfang. Innen geht es ländlich-rustikal zu: Holzstühle auf dunklem Teppich, aufgefächerte Servietten auf den Tellern, an der Decke Kronleuchter an schweren Dielenbalken.

Das Landhaus Tettens ist etwas Besonderes. Regelmäßig erhält das Restaurant eine Erwähnung im Guide Michelin. Die Verfasser loben den idyllischen Garten und empfehlen die regional-internationale Küche. Darauf angesprochen, ist Regina Modro, die zusammen mit Ehemann Nico Schmidt den Gasthof führt, der kulinarische Ritterschlag fast ein bisschen unangenehm. Natürlich, man freue sich über die Auszeichnung, versichert sie und ergänzt dann schnell: »Wir sind jedoch alles andere als ein Lokal nur für Feinschmecker!« Alle seien willkommen – Radler in Shorts genauso wie größere Gruppen und Familien mit Kindern. Für die Lütten steht im Eingangsbereich ein Kasten mit Spielsachen. Wenn irgendwie möglich, machen die Servicekräfte einen routinierten Bogen um Bauklotztürme und Malbücher.

Während Regina Modro die Chefin im Gastraum ist, ist ihr Mann der Boss in der Küche. Der gelernte Koch, der seine Ausbildung im Schwarzwald absolviert hat, setzt überwiegend auf frische Produkte aus der Region. Convenience kommt bei ihm nicht in den Topf, auch Saucen rührt er selbstverständlich selbst an. Gemüse und Salat kauft er gerne auf dem Nordenhamer Wochenmarkt. Bei Fleisch und Fisch kommt ebenfalls nur beste Qualität auf den Teller – unter anderem stehen Filetspitzen vom Angusrind, Seezunge und Karree vom Salzwiesenlamm auf der Speisekarte. Das ist Ihnen zu viel Schnickschnack? Keine Sorge: Es gibt auch Wiener Schnitzel mit Bratkartoffeln. Darum geht es ja: Jeder ist willkommen!

Und was empfehlen die Inhaber? Regina Modros Zweierlei vom Salzwiesenlamm und die marinierten Zimtpflaumen an Vanilleeis.

29

Nordsee-Lagune
(Mai–September)
Am Deich 21a
26969 Butjadingen-Burhave
04733 173094
www.butjadingen.de/erleben-entdecken/nordsee-lagune

DEN TIDEN EIN SCHNIPPCHEN SCHLAGEN

Nordsee-Lagune in Burhave

Die Gezeiten an der Nordsee sind ein faszinierendes Naturschauspiel: Zweimal am Tag steigt und sinkt das Wasser und gibt einmalige Einblicke in eine abwechslungsreiche Naturlandschaft frei. Wer gerne schwimmen möchte, guckt jedoch oft in die Röhre beziehungsweise aufs Watt, denn: Kaum hat man die Badehose angezogen, ist das Meer weg!

Die Gemeinde Butjadingen hat auf dieses Ärgernis reagiert – und die Ebbe einfach abgeschafft. Zwischen Deich und Meer wurde die tideunabhängige Nordsee-Lagune angelegt. Sie besteht ausschließlich aus Meerwasser, das – bevor es in den Badesee fließt – in einer biologischen Aufbereitungsanlage gereinigt wird. Die Aufgabe des Reinigungspersonals übernehmen dabei Plankton und Algen, auf Chemie wird komplett verzichtet. Das Meerwasser zirkuliert in einem Kreislauf: Täglich wird frisches aus der Nordsee gepumpt, während das aus der Lagune zurück in die Nordsee fließt. Das Meerbad wurde bereits mit verschiedenen Zertifikaten ausgezeichnet – unter anderem mit dem IQN-Gütesiegel für gute Wasserqualität.

Urlauber und Einheimische, die in dem See zwischen Burhave und Fedderwardersiel unter Aufsicht der DLRG schwimmen, Wasserball spielen oder ihre Runden auf der Luftmatratze drehen, freuen sich über das Ergebnis: tidenunabhängiger Badespaß von Mai bis Ende September, auch wenn das Meer sich gerade mal wieder zurückgezogen hat. In und rund um die Nordsee-Lagune wartet außerdem Action für alle Altersgruppen, zum Beispiel ein Wasserkletterball und ein Piratenschiff, ein Wasserspielplatz, Beachvolleyball- und Fußballfelder, Strandkörbe sowie flache Strandabschnitte für die Kleinsten. So vergeht die Zeit an der Lagune wie im Flug. Und ehe man sich versieht, ist die Nordsee plötzlich – schwups – schon wieder da!

Die Nordsee-Lagune ist von Mai bis September geöffnet. Für Familien stehen Tretboote bereit, mit denen sie sich durchs klare Wasser treiben lassen können.

30

Spielscheune Burhave
Strandallee 57a
26969 Butjadingen-
Burhave
04733 929371
www.spielscheune.com

DURCH BUNTE BÄLLE TOBEN

Spielscheune Butjadingen in Burhave

Ihre blonden Zöpfe flattern in der Luft, während Lia auf dem quietschgelben Trampolin höher und höher springt. Um sie herum klettern und toben Kinder, Erwachsene unterhalten sich oder flitzen ihrem Nachwuchs hinterher.

Klar, in Butjadingen kann man viel draußen unternehmen, salzige Nordseeluft immer inklusive. Aber was ist, wenn einem das norddeutsche Schietwetter einmal einen Strich durch die Pläne macht? Dann geht's ab in die Spielscheune in Butjadingen!

Auf rund 3.000 Quadratmetern warten auf Kinder ab drei Jahren jede Menge Action und Abwechslung. Mutige Miniurlauber und Mini-Butjenter kraxeln auf den zehn Meter hohen Kletterberg, Wasserratten steuern Schaufelradboote durch einen Pool – und wer es schnell mag, kann eine tomatenrote Rutsche hinuntersausen. Die ist übrigens 45 Meter lang und sorgt für ordentlich Tempo.

Während Lia inzwischen das Bällebad entdeckt hat und durch ein Meer von rund 8.000 bunten Plastikkugeln tobt, kommt im hinteren Teil der Spielscheune die Kids-Kartbahn in Bewegung. Vier verschiedene Elektroautos stehen zur Auswahl: Wer es gemütlich mag, entscheidet sich für den grünen Trecker. Etwas schnittiger sieht da schon das orange Rennauto aus, das – wie seine Vorbilder – Werbung auf den Radkappen trägt. Täglich finden zudem Aktionen im Animax-Kids-Club statt – vom Basteln über Pizza backen, Wattfußball oder die Kids-Disco mit den flauschigen Maskottchen Fietje und Fiete. Im Sommer öffnet außerdem draußen das Indianerdorf. Dort kann man die Indianersprache lernen und weitere Abenteuer erleben.

Draußen hat der Wind inzwischen die dunklen Wolken weggepustet, und erste Sonnenstrahlen fallen aufs Dach. Wenn es nach Lia ginge, dürfte es ruhig weiterregnen – drinnen in der Spielscheune auf dem Sandspielplatz mit dem großen Holzschiff bekommt man davon gar nichts mit.

Sie möchten relaxen, während Ihre Kids toben und spielen? Gönnen Sie sich doch eine Auszeit auf einem der Massagesessel oder spielen Sie eine Partie auf der angrenzenden Bowlingbahn!

31

Kutterhafen Fedderwardersiel
Am Hafen
26969 Butjadingen-Fedderwardersiel

Tourismus-Service Butjadingen
Strandallee 61
26969 Butjadingen
04733 929340
www.butjadingen.de

Fangfrische Krabben kaufen

Kutterhafen Fedderwardersiel

Meter für Meter ziehen die Kutter ihre Fangnetze über den Meeresboden. Die Nordseekrabben – Granat genannt – werden aufgeschreckt, eingefangen und dann an Bord erst in Meerwasser gekocht und schließlich gekühlt. Sind die Netze leer und die Kühlräume voll, geht es zurück in den Kutterhafen Fedderwardersiel.

»Wir fischen nachhaltig und im Einklang mit der Natur«, sagt Söhnke Thaden. Deshalb verkaufe man den Fang auch mit Stolz. Dem Butjadinger gehört einer der insgesamt sechs Kutter der Flotte. Wie seine Kollegen fängt er hauptsächlich Krabben, von Mai bis September zudem Plattfische wie Scholle und Seezunge.

Nach und nach laufen die Boote mit der Flut ein; Kisten werden ausgeladen, Decks geschrubbt, Netze geflickt. Der Fang wird an den Großhandel verkauft oder direkt vom Schiff. Das Wasser zieht sich nun langsam zurück, immer weiter, bis die Kutter schließlich trockenfallen und auf dem glänzenden Schlick liegen. Um die Fahrrinne zu erhalten, rücken einmal im Jahr Bagger an. Routine für die Fischer, kein Grund zur Aufregung. Auch rund um das Hafenbecken herrscht eine maritim-entspannte Stimmung. In einem Schuppen der DGzRS kann man sich ein altes Rettungsboot anschauen, bei *Andy's Hafenkombüse* wird Backfisch über den Tresen gereicht. Wer zu Hause lieber selbst zur Pfanne greifen möchte, sollte das Butjadinger Fischfachgeschäft ansteuern: Dort gibt es beste Qualität – nicht nur beim Granatbrötchen.

Ist der Fang gelöscht und verkauft, denken die Fischer bereits an die nächste Tour. Klar, ein bisschen von seiner ursprünglichen Romantik habe der Beruf schon verloren, räumt Thaden ein. »Früher ging man mit Taschenmesser an Bord, heute mit Laptop«, scherzen deshalb einige Kollegen. Das stimme zwar, ergänzt Thaden, er sei sich gleichzeitig aber sicher: »Fischer zu sein ist noch immer der schönste Beruf der Welt.«

Geschmückte Kutter, Krabbenpulmeisterschaften und *Open Ship* auf dem Rettungskreuzer: Die Krabbenkutterregatta ist ein Erlebnis! Termine unter: www.butjadingen.de/vor-ort/veranstaltungen/.

32

Nationalpark-Haus Museum Fedderwardersiel
Am Hafen 4
26969 Butjadingen-Fedderwardersiel
04733 8517
www.nationalparkhaus-wattenmeer.de

DEM KNISTERN DES WATTS LAUSCHEN

Nationalpark-Haus Museum Fedderwardersiel

Speiseteller mit Besteck, eine Menükarte und kleine Köstlichkeiten unter geputzten Glasglocken – was für ein schön gedeckter Tisch! Allerdings: Die Servietten fehlen, und die Deko-Gänse wirken vielleicht ein bisschen dominant …

Erst auf den zweiten Blick wird deutlich: Die Tierchen aus Holz haben genau die richtige Größe, denn sie spielen die Hauptrolle in diesem Ensemble. An diesem Platz erfahren Besucher nämlich nicht nur, wie viel eine Brandgans frisst, sondern auch, wovon sie sich ernährt. Auf ihrer Speisekarte stehen Muscheln und Schnecken – also Lebewesen, die im Watt zu Hause sind.

Wie der Wechsel der Gezeiten das Leben an der Küste prägt und warum das Watt viel mehr ist als nur brauner Matsch – das erfahren die Besucher im *Nationalpark-Haus Museum Fedderwardersiel.* Man kann das Rauschen der Wellen und das Knistern des Watts hören, begegnet einer Fischerfamilie und erkundet mit einer Kugelbahn das Prinzip des Deichbaus. Immer im Mittelpunkt: Das Wattenmeer, das mit Ebbe und Flut die Küstenlinie Butjadingens prägt. Eine Gezeitenanimation erklärt, wie die Tiden eigentlich genau ablaufen. Wie es sich anfühlt, wenn man den Naturgewalten ausgesetzt ist, hört man von Zeitzeugen, die in Butjadingen 1962 eine Sturmflut erlebt haben.

Die Ausstellung im Nationalpark-Haus ist eine Mischung aus Multimediastationen, Modellen, Schaukästen und historischen Exponaten. Da man einiges selbst ausprobieren kann, ist ein Besuch auch für Kinder spannend. Bei einem Ausstellungsstück können sie zum Beispiel raten, wie viele Würmer in einem Kubikmeter Watt leben, und schauen, ob der Schlüssel zu der Tür mit der gewählten Zahl passt. Falls ja: Glückwunsch! Falls nicht: Einfach noch einmal schätzen, die Frage ist ja auch nicht ganz einfach …

Erst die Theorie, dann die Praxis: Unternehmen Sie unbedingt einen Spaziergang in Fedderwardersiel. Watt und Salzwiese liegen direkt vor der Haustür.

33

Naturerlebnispfad Langwarder Groden
Startpunkt: Parkplatz am Feldhauser Deich
26969 Butjadingen
53°36'32.3"N 8°19'11.3"E

Nationalpark-Haus Museum Fedderwardersiel
Am Hafen 4
26969 Butjadingen
04733 8517
www.nationalparkhaus-wattenmeer.de

DEN WANDEL EINER SALZWIESE ERLEBEN

Naturerlebnispfad Langwarder Groden

Eine kleine Vorwarnung: Wer auf der Suche nach Action ist, der sollte sich nicht für den Langwarder Groden entscheiden. Diejenigen allerdings, die Lust haben auf Ruhe, Entspannung und Natur pur – die sind auf den insgesamt sechs Kilometer langen Wanderwegen mitten im Nationalpark Niedersächsisches Wattenmeer genau richtig!

Das Besondere: Besucher können die Entstehung einer neuen Salzwiese miterleben. Ein Rundweg führt durch den Groden vorbei an 70 Hektar Wiesenvogelbrut- und Gänserastgebieten bis zu einem Bohlensteg. Der führt in eine Fläche, die einmal eine Salzwiese werden will. An Beobachtungspunkten sind Ferngläser installiert, Informationstafeln erläutern die Landschaft. Im Frühjahr und Herbst lässt sich zudem der Vogelzug beobachten. Große Trupps Goldregenpfeifer, Brachvögel und Alpenstrandläufer nutzen das Areal zusammen mit vielen weiteren Vogelarten als Rastplatz, bevor sie zum Überwintern weiterziehen. Im Winter sieht man auf dem Erlebnispfad naturgemäß wenig, wegen zeitweiser Überflutung werden die Infoelemente abgebaut – ein Besuch empfiehlt sich also unbedingt im Sommerhalbjahr!

Salzwiesen gehören heute zu den äußerst seltenen und gefährdeten Lebensräumen. Wenn man sie gewinnen beziehungsweise vergrößern möchte, kann man durch Vor- und Sommerdeichöffnungen dafür sorgen, dass sie regelmäßig vom Salzwasser überflutet werden. Genau das ist 2014 zusammen mit weiteren Maßnahmen zur Renaturierung im Langwarder Groden passiert. Nachdem die Flächen seit der Eindeichung in den 1930er-Jahren vom Meer abgeschnitten waren, wurde der Vordeich wieder geöffnet. Das ist nicht nur schön für die Natur, sondern auch für Sie – denn auf diese Weise können Sie die Entwicklung der Salzwiese im Wandel der Gezeiten miterleben!

Sie möchten ganz genau erfahren, welche Pflanzen und Tiere sich auf der entstehenden Salzwiese tummeln? Das *Nationalpark-Haus Museum Fedderwardersiel* bietet Führungen an.

84

Wein- und Teekontor Friesische Teestube und Café Ekke Nekkepenn

Burmeidsweg 1
26969 Butjadingen-Langwarden
Teekontor: 04733 173731
Reservierung:
04733 173732
www.teekontor-nordsee.de

Friesische Zeremonie kennenlernen

Wein- und Teekontor mit Teestube in Langwarden

Sie heißen *Schwarzer Drache, Lecker Teetied* oder *Chun Me,* schmecken mild und würzig und lassen sich am besten heiß genießen: Mehr als 250 Teesorten wiegt und verpackt Heinz-Günter Greiß im Wein- und Teekontor. Gemeinsam mit seiner Frau Walburga zog es den gebürtigen Rheinländer Anfang der 1990er-Jahre nach Butjadingen. Neben dem gemeinsamen Fernweh verbindet die beiden die Leidenschaft für Tee in allen Variationen. Und der schmeckt hier an der Küste, wo die Luft salzhaltig ist und sich die Gräser im Wind biegen, besonders gut!

Als das Paar den alten Gulfhof in Langwarden im Frühjahr 2000 entdeckte, stand der Entschluss fest: In den Kuh- und Pferdestall zog das Butjadinger Wein- und Teekontor ein. Und da der ehemalige Bauernhof noch mehr Platz bot, eröffneten sie zusätzlich die Friesische Teestube und das Café *Ekke Nekkepenn.*

Auf den Tischen stehen Kännchen mit Stövchen, es riecht nach Vanille und Kuchen. Wer mag, kann auf einem Sofa Platz nehmen und sich erklären lassen, wie die Teezeremonie genau funktioniert. Moment, ein ostfriesischer Brauch in der Wesermarsch? Exakt! Die Friesen besiedelten die Wesermarsch etwa ab 650 nach Christi. Sehr viel später, im frühen 17. Jahrhundert, wurde dann von den Ostfriesen die Teekultur entwickelt. Und die gefällt Walburga Greiß so gut, dass sie das heiße Getränk nicht nur in hübschem Porzellan serviert, sondern den Gästen auch gerne die Geschichte dazu erzählt. In ihrem Café kommen außerdem täglich selbst gebackene Torten auf den Tisch. Neben einer Deichtorte mit Birnen bietet Walburga Greiß unter anderem auch eine Wattentorte mit Pflaumenmus an.

Ach ja: Falls Sie nicht zu den Teeliebhabern gehören sollten, sondern koffeinhaltige Heißgetränke vorziehen: Kaffee gibt es im Café *Ekke Nekkepenn* ebenfalls!

Nehmen Sie sich eine Stärkung mit, bevor Sie sich wieder auf den Weg machen: Die *Schafsköttel direkt vom Deich* sind klein, pechschwarz und schmecken lakritzig-lecker.

85

KiG – Klettern im Garten
(April–Oktober)
Burgweg 40
26969 Butjadingen-Mitteldeich
0174 1606454
www.klettern-im-garten.de

IN LUFTIGER HÖHE KRAXELN

Baumklettergarten KiG in Mitteldeich

»Klack« – der Karabinerhaken meines Gurtsystems, das mich mit einem robusten Stahlseil verbindet, rastet ein. Über mir rascheln die Blätter, vor mir warten schmale Holzbalken darauf, dass ich zum nächsten Baum klettere. Ein kurzer Blick nach unten. Komisch, vom Boden aus sah der Parcours gar nicht so hoch aus! Hinter mir wartet ein etwa zehnjähriger Junge und grinst mich an. Souveränes Lächeln zurück, schnelles Daumen-hoch-Zeichen, dann setze ich den linken Fuß auf einen Balken. Eine ziemlich wackelige Angelegenheit …

»Da kann überhaupt nichts passieren!«, ruft Stephan Rasper von unten. Er muss es wissen: Gemeinsam mit Freunden hat der gelernte Tischler die Anlage gebaut und sich damit einen Traum erfüllt. Einen Platz zum Klettern für alle Altersgruppen wollte er erschaffen – und das ist ihm wunderbar gelungen. Familien kraxeln im Baumgarten genauso wie Jugendliche und Fahrradausflügler, die froh sind, ihren Drahtesel mal zur Seite stellen zu können. Aus rund 30 Plattformen besteht die Anlage, die Stephan Rasper 2007 eröffnet und seitdem stetig weiterentwickelt hat. Heute warten etwa 40 Kletterelemente auf Höhen zwischen 1,50 und 10 Metern sowie drei Seilbahnen auf Abenteuerlustige.

Einen letzten Schritt noch, dann erreiche ich die nächste Plattform. Zeit, um den schönen Blick über die Wiesen und Siele zu genießen. Kühe grasen, zwei Kanus ziehen vorbei, es riecht nach frisch gemähtem Gras. Weiter geht's! Ich hake mich aus und auf der anderen Seite des Baumes wieder ein. Auch das ist gar nicht so leicht – die Bäume sind bis zu 100 Jahre alt, die Stämme also ziemlich massiv. Kurze Zeit später erreiche ich schon das Ende des Parcours, die Seilbahn. Mit Schwung stoße ich mich ab. Auch wenn es schön in den Baumkronen war – nun freue ich mich auch wieder auf den sicheren Boden!

Der Klettergarten ist von April bis Oktober geöffnet. Sie sind nicht der Kletter-Typ? Dann trinken Sie doch einen Kaffee, während die Sprösslinge kraxeln. Der schöne Biergarten befindet sich in der Mitte der Anlage.

36

Leuchtturm Oberfeuer Preußeneck
Zum Leuchtfeuer 118a
26969 Butjadingen-Eckwarderhörne
04736 507
www.leuchtfeuer-preusseneck.de

DIE NORDSEE VON OBEN BESTAUNEN

Aussichtsleuchtturm Oberfeuer Preußeneck in Eckwarderhörne

Schon von Weitem ist das Leuchtfeuer zu sehen: Signalrot hebt sich der mehr als 40 Meter hohe Stahlriese vom satten Grün der Wiese und dem tiefen Blau des Himmels ab. Wie ein typischer Leuchtturm sieht das Bauwerk allerdings nicht aus – eher wie ein Trichter, der von vier langen Pfeilern gestützt wird. Seine ungewöhnliche Erscheinung ist auch der Grund dafür, dass er noch nicht abgebaut wurde, obwohl er in seiner ursprünglichen Funktion nicht mehr gebraucht wird. Der Bau wurde sogar um eine Aussichtsplattform erweitert. Dafür gesorgt hat ein Bürgerverein – mit viel Engagement und der nötigen Portion Beharrlichkeit.

Ein kurzer Blick zurück: Mehr als 50 Jahre lang hatte der Leuchtturm, der seit 1962 in Eckwarderhörne steht, als Oberfeuer Seefahrern den Weg nach Wilhelmshaven gewiesen. Nach seiner Ausmusterung schien sein Schicksal besiegelt, denn eigentlich müssen Seezeichen nach ihrer Abschaltung demontiert werden. Da das Bauwerk allerdings bei den Einheimischen beliebt ist, wollten sie es nicht ohne Weiteres aufgeben. Sie gründeten einen Verein, warben für ihre Idee und sammelten Geld. Mit Erfolg! Ein Planfeststellungsbeschluss wurde außer Kraft gesetzt, der Leuchtturm erhielt eine Aussichtsplattform und ein kleines Informationszentrum im Maschinenhaus. Die ungewöhnliche Trichterform punktete bei den Behörden: Das Leuchtfeuer wurde wegen seiner Bauform als schützenswert eingestuft.

Und was haben die heutigen Besucher davon? Na, den Ausblick! Mit jedem Schritt hinauf in etwa 18 Metern Höhe werden Menschen und Schafe am Boden immer kleiner und die Augen größer. Bei ordentlich Wind eröffnet sich ein herrlicher Rundumblick über die grüne Halbinsel Butjadingen sowie den Jadebusen, den Jade-Weser-Port in Wilhelmshaven und die offene Nordsee.

Bitte nicht sofort losfahren, sondern zuerst auf die Homepage schauen! Dort findet man die aktuellen Öffnungszeiten für Besichtigungen.

37

Wattführung vor Eckwarderhörne
Treffpunkt:
Wattführerhäuschen
Zum Leuchtfeuer 118a
26969 Butjadingen-Eckwarderhörne
0171 3151155
www.wattwanderung.de

AUF DEM MEERESBODEN WANDERN

Wattführung vor Eckwarderhörne

Schmatzend versinken meine Füße im weichen Watt, die Luft schmeckt salzig, eine Windböe zerrt an meinem Anorak. Irgendetwas pikst an meinem rechten großen Zeh. Vielleicht hätte ich mich doch für Wattwandersocken entscheiden sollen, die es am Wattführerhäuschen zu kaufen gibt? Zu spät – Matthias Schulz, Nationalparkführer und damit Chef der Gruppe, winkt fröhlich mit zwei Keschern. »Los geht's! Wir gehen zu der Strandbuhne dort drüben.« Der bunt zusammengewürfelte Tross aus Eltern, Großeltern und Kindern stapft hinterher.

Wenn sich die Nordsee bei Ebbe zurückzieht, ist das UNESCO-Weltnaturerbe Wattenmeer begehbar. Dann zeigen sich am Boden plötzlich Lebewesen, die sich sonst unter Wasser aufhalten. Garnelen zum Beispiel, Wattwürmer und Muscheln. »Guck mal, ein Krebs!« Ein kleiner Pöks mit hellblonden Haaren stolpert vor Aufregung fast über seine rote Schaufel. Matthias Schulz freut sich über das Stichwort und erklärt, dass es sich um eine Strandkrabbe handelt, die auf Nahrungssuche ist. Weiter geht's, zunächst parallel zum Deich. Auch die Krabbe flitzt los, hin zu einem der kleinen Priele, durch die noch ein bisschen Wasser fließt.

Wattwanderungen kann man nicht nur vor Eckwarderhörne, sondern auch in Fedderwardersiel und Tossens unternehmen. Aber hier, am südlichsten Zipfel Butjadingens, sind sie bemerkenswert schön. Das liegt an der Lage, aber auch an Matthias Schulz, der mit so viel Begeisterung über Nordsee, Gezeiten und Wurmhäufchen erzählt, als habe er die bizarre Schönheit des Wattenmeers selbst gerade erst entdeckt. »Mein Job ist es, im Matsch herumzulaufen«, kommentiert er norddeutsch-trocken, als die Gruppe sich mit Eimern, Schaufeln und Keschern wieder auf den Rückweg macht. Dabei guckt er so zufrieden, als könne er sich bei bestem Willen nichts Schöneres vorstellen.

Neben Touren für Familien startet am Treffpunkt unter anderem auch eine Sonnenuntergangswattwanderung. Besonders entspannend ist die Führung *Sound of Silence*, bei der – Pssst! – kein Wort gesprochen wird.

38

Kulturzentrum Seefelder Mühle
Hauptstraße 1
26937 Seefeld
04734 1236
www.seefelder-muehle.de

ALT SCHAFFT RAUM FÜR NEUES

Kulturzentrum Seefelder Mühle

Etwa 120 Mühlen prägten früher die Landschaft der Wesermarsch. Immer mehr verschwanden von der Bildfläche, heute sind nur noch zwei erhalten: die Moorseer und die Seefelder Mühle. Letztere steht unter Denkmalschutz, wurde mehrfach restauriert und ist voll funktionsfähig.

Ehrenamtliche Müller lassen, wenn der Wind es zulässt, die Flügel drehen und erklären den Gästen, wie genau Haferquetsche, Flügelwelle und Saatgutreinigung funktionieren. Außerdem ist die Seefelder Mühle ein glänzendes Beispiel dafür, wie man Geschichte lebendig hält und gleichzeitig Raum für Neues schafft. Der Verein *Kulturzentrum Seefelder Mühle* erhält das Denkmal mit guten Ideen und unterschiedlichen Veranstaltungen.

Herzstück ist das Café, das Kaffee, Tee und leckere Kuchen sowie kleine Mittagsgerichte anbietet. Ausgesprochen schön ist es an diesem Platz im Sommer, wenn man Speisen und Getränke im Garten unter großen Sonnenschirmen mit Blick auf die Mühlenflügel genießen kann – die perfekte Pause während einer Radtour durch die Wesermarsch. Nach einer Stärkung ist ein Besuch im Mühlenladen ein Muss: Dort werden unter anderem Seife aus Schafsmilch, originelle Postkarten mit Küstenmotiven, Honig, Marmeladen und der Küstenschnaps *Butjenter Wumken* verkauft. Die Produkte wurden sorgfältig ausgewählt und kommen alle aus der Region.

Längst bietet der Verein nicht nur Führungen durch die Mühle an, sondern auch Kabarett, Kino, Konzerte und Workshops. Dabei nimmt er auch aktuelle Trends auf, etwa beim Projekt *Gutes Morgen, Stadland! – Bloggen für die Nachhaltigkeit* oder beim Nachhaltigkeitsmarkt mit Handwerkskunst und Kulturprogramm. Eine schöne Kombination: In dem historischen Bau entstehen frische Ideen für eine lebenswerte Zukunft!

Schauen Sie am ersten Sonntag im Monat vorbei! Dann findet rund um die Mühle der Landfrauenmarkt statt – die schönste Art, regionale Produkte einzukaufen.

39

Schwimmendes Moor Sehestedt
Bäderstraße
26349 Jade
www.nationalpark-wattenmeer.de

Jade Touristik
Bäderstraße 2
26349 Jade
04455 1458
www.jade-touristik.de

DAS MOOR HAT VIELE GESICHTER

Schwimmendes Moor Sehestedt

Wenn man ans Moor denkt, wird einem ein bisschen mulmig. Früher hieß es immer: »Pass gut auf, damit du nicht darin versinkst!« Doch das Schwimmende Moor in Sehestedt weckt andere Assoziationen. Diese unendliche Weite mit Aussicht auf den Jadebusen vertreibt besonders bei Kaiserwetter die letzten trüben Gedanken.

Einen guten Überblick kann man sich verschaffen, wenn man den östlich gelegenen Deich erklimmt. Bei gutem Wetter überschaut man die gesamten rund zehn Hektar des noch verbliebenen Sehestedter Außendeichmoores. »Der gesamte Jadebusen war früher ein Moor, das die Sturmfluten nach und nach herausgerissen haben – das Schwimmende Moor ist als letzter Rest ein spannender geologischer Zeitzeuge«, erklärt Rangerin Susanne Koschel. Spätestens jetzt sollte einem bewusst werden: Ich stehe vor einem Naturphänomen, das einzigartig auf der Welt ist. Doch wann schwimmt Moor? Damit die mehr als drei Meter dicke Halbinsel überhaupt in Bewegung kommt, muss schon eine starke Sturmflut mit mehr als 170 Zentimetern über dem Mitteltidehochwasser auflaufen. Das passiert zum Glück selten, denn immer wenn das Fleckchen Erde zu schwimmen beginnt, brechen einzelne Stücke ab. Die Folge: Das Sumpfland wird über die Jahrhunderte immer kleiner und eines Tages komplett verschwinden.

Um die Moorlandschaft einmal zu umrunden, bietet sich ein Spaziergang auf dem Salzwiesenerlebnispfad an. Mit oder ohne Führung wandert man entlang des Wattenmeeres und des Deiches durch die Salzwiesen. Hier wird deutlich, wie gut die beiden unterschiedlichen Ökosysteme nebeneinander funktionieren: Zum einen die von Meereswasser geprägte Salzwiese und das Watt und zum anderen das Süßwassersystem des Moores. Dank dieser Symbiose kann man eine bunte Vielfalt an Pflanzen und Tieren aus nächster Nähe beobachten.

Eine Ausstellung über das Moor kann man sich in den Sommermonaten bei der Nationalpark-Erlebnisstation NEST im *Watterlebnis Sehestedt* ansehen. Des Weiteren werden ab dort auch Führungen angeboten.

40

Kanu-Verleih Jade
Bundesstraße 145
26349 Jade-Wapelersiel
Reservierungen:
0173 5992222
www.kanu-jade.de

VOM WASSER AUS ENTDECKEN

Kanu-Verleih Jade in Wapelersiel

»Platsch« – das Paddel taucht ins Wasser und schiebt das signalrote Kanu sanft über den dunkelblauen Fluss, vorbei an Seerosen und Schilf, das leise im Wind raschelt. An Land grasen Kühe, ein Bauer dreht eine Runde auf seinem Trecker. Gerade noch rechtzeitig ziehe ich den Kopf ein und weiche dichten Zweigen aus, die weit übers Ufer über das Wasser ragen.

Die Wesermarsch auf der Jade zu entdecken, ist ein außergewöhnliches Erlebnis. Sobald man mit dem Kanu die erste Flussbiegung hinter sich lässt, wirkt alles sehr weit weg. Keine Autos, keine Termine, keine Hektik. Stattdessen gleitet man lautlos dahin; Wiesen, Felder und Weiden ziehen vorüber. Das Schöne: Die Jade ist ein ruhiges Gewässer, das auch für Anfänger geeignet ist – also für Leute wie mich, die einige Zeit später wieder am Bootssteg von Andrea und Ulli Rausch ankommen und mit etwas wackeligen Knien wenig elegant aus dem Kanu krabbeln.

Der Endpunkt ist auch gleichzeitig Start der Touren: Von Wapelersiel aus geht es etwa drei Kilometer ins Landesinnere, wo die Wapel in die Jade mündet. Wer nun auf der Jade weiterpaddelt, kommt an einen idyllisch gelegenen Platz mit Tischen und Bänken – die perfekte Kulisse für eine ausgedehnte Pause. Die Distanz vom Start bis zum Zwischenstopp beträgt etwa vier Kilometer, die Stecke legt man mit dem Kanu in etwa einer Stunde zurück. Wer mag, kann natürlich auch ohne Rast weiterfahren, insgesamt ganze 22 Kilometer in eine Richtung. »Einige Paddler machen das auch«, verrät Andrea Rausch, als sie mein rotes Kanu wieder an Land zieht und es mit einer Gießkanne von Entengrütze befreit.

Übrigens: Die Route ist mit Geo-Caching-Punkten versehen und damit Teil einer digitalen Schnitzeljagd. Vielleicht finden Sie ja auch einen der kleinen Schätze, die jemand anderes versteckt hat?

Paddeln macht hungrig: Bringen Sie Ihr Picknick mit! Die Pausenstelle ist schön, gerade weil sie mitten in der Natur liegt und es dort keinen Kiosk gibt. Und an sonnigen Tagen Kopfbedeckung und Sonnenmilch nicht vergessen!

41

Schlafstrandkorb Dangast
(Mai–September)
Information/Buchung:
Strandcampingplatz
Auf der Gast 40
26316 Varel-Dangast
04451 911422
www.dangast.de/strandcampingplatz-nordsee-dangast.html

Unterm Sternenhimmel übernachten

Schlafstrandkörbe in Dangast

Den Sand durch die Finger rieseln lassen, in den Sternenhimmel gucken, dem Wellenrauschen lauschen – und dabei entspannt einschlafen. Das geht nicht? Doch, in Dangast ist das möglich. Dort vermietet der Campingplatz Schlafstrandkörbe. Das Besondere: Während die anderen Gäste abends die Sonnenschirme zuklappen, ihre Badehandtücher einrollen und die Küste in Flip-Flops verlassen, bleiben Sie einfach da!

Ausgestattet sind die Schlafstrandkörbe mit allem, was man für eine bequeme Übernachtung benötigt. Die Liegefläche ist rund 1,40 Meter breit, links und rechts gibt es kleine Bullaugen zum Rausgucken, und das Bett kann hochgeklappt werden, um Kleinigkeiten zu verstauen. Mitbringen sollten Sie Schlafsäcke und Dinge, die man an einem Tag am Meer benötigt – zum Beispiel Sonnenschutz und eine Kopfbedeckung.

Die Strandkörbe stehen an einem ruhigen Küstenabschnitt abseits des Strandgetümmels, direkt am Rand des Campingplatzes. Wetterfest ist die Übernachtungsmöglichkeit auch: Das Gestell ist aus Holz, das Geflecht aus Kunststoff. Praktisch: Wer genug vom Sternenhimmel hat oder vom norddeutschen Schietwetter überrascht wird, kann das Faltdach zuziehen. Die Schlafstätte ist von außen verschließbar, das Verdeck kann man von innen einhaken. Und die Bullaugen haben Klappen – praktisch als Sicht- und Sonnenschutz.

Aber warum sollten Sie den Sichtschutz benötigen? Die Lage ist herrlich! Von hier aus schaut man auf den Jadebusen, Richtung Wilhelmshaven und auf die Nordsee hinaus. Die Aussicht ist vor allem morgens schön, wenn der Strand noch menschenleer ist, die ersten Möwen ihre Kreise ziehen und die Sonne langsam über dem Meer aufgeht. Auch wenn der frühe Vogel nicht Ihr Freund ist – an diesem Lieblingsplatz sollten Sie nicht zu lange schlafen, sonst verpassen Sie das Beste!

Die Schlafstrandkörbe können von Mai bis September gebucht werden. In Laufweite befinden sich diverse gastronomische Angebote. Einfach am Strand entlang Richtung Dorf gehen!

42

Kurhaus Dangast
An der Rennweide 46
26316 Varel-Dangast
04451 4409
www.kurhausdangast.de

WATTENMEER BEI FRIESENTEE

Kurhaus Dangast

»Genau hier« mochte sich Graf Gustav Friedrich Wilhelm Bentinck damals gedacht haben. »Das ist der perfekte Platz für meine Sommerresidenz« – leicht erhöht auf einem Geestrücken, mit Aussicht über den Jadebusen und das Wattenmeer.

In dem Gebäude, in dem ab 1800 Adlige ihre Sommerfrische verbrachten, treffen sich heute Gäste aller Couleur zum Klönen bei einer Kanne Friesentee oder einem Pott Kaffee. Das Kurhaus wird seit 1884 als Familienbetrieb geführt, derzeit bewirtet die fünfte Generation die Gäste mit traditionellen, selbst gemachten Speisen und Kuchen. Auf Schnickschnack wird dabei verzichtet: Gegessen wird an dunklen Holztischen, an den Wänden hängen maritime Motive, hohe Fenster geben den Blick frei auf den heimlichen Star: das glitzernde Wattenmeer.

Nachmittags zieht der Duft von Kuchen durch die Gasträume – da ist jeder Widerstand zwecklos. Aber nicht nur zur Kaffeezeit lohnt sich ein Besuch: Zum Frühstück wird selbst gebackenes Brot serviert, mittags gibt es unter anderem Fisch aus der Pfanne, Bratkartoffeln oder Rouladen und im Winter deftigen Grünkohl. Von Frühjahr bis Herbst braucht man manchmal etwas Glück, um einen Platz drinnen oder draußen zu ergattern.

Mit dem alten Grafen sind die heutigen Besitzer übrigens nicht verwandt. Ein Jahrhundert, nachdem das Gebäude erbaut worden ist, ging die gesamte Kuranlage an die Familie Gramberg, ihre Vorfahren. Und den Hauch des Elitären hat das Kurhaus längst abgelegt – spätestens seit der edle rote Teppich Mitte der 1970er-Jahre aus den Gasträumen ausziehen musste. Heute ist das Lokal ein Treffpunkt für alle, die eine ungezwungene Atmosphäre, frisch gebackenen Kuchen und eine Tasse Friesentee lieben. Und eine Schwäche für den heimlichen Star haben – das glitzernde Wattenmeer …

Der Rhabarberkuchen, heiß aus dem Ofen serviert, ist eine Legende – probieren Sie unbedingt ein Stück!

FRIESLAND MIT WILHELMSHAVEN

48

Deutsches Marinemuseum
Südstrand 125
26382 Wilhelmshaven
04421 400840
www.marinemuseum.de

ABTAUCHEN IN DIE GESCHICHTE

Deutsches Marinemuseum

Durch einen engen Schacht erreiche ich über eine Stahlleiter die Kommandozentrale unter Deck. Links erkenne ich ein Barometer, rechts warten unzählige Schalter und Hebel auf ihren Einsatz. An der tiefen Decke führen Rohre an Neonlampen vorbei, die den schmalen Gang schwach beleuchten. Zehn Minuten später gelange ich wieder an die frische Luft, froh über das Geschrei der Möwen und den Blick über den Hafen.

Zwischen 1967 und 1993 lag das Unterseeboot U10 in Kiel und später in Eckernförde, immer bereit, mit seiner rund 20-köpfigen Besatzung die NATO-Nordflanke – also die norwegische Küste – zu schützen. Heute ist der mehr als 450 Tonnen schwere Stahlkoloss eines von vier Schiffen, die Besucher im Außenbereich des Deutschen Marinemuseums besichtigen können.

Wo könnte man der Militärgeschichte auf See besser nachspüren als in Wilhelmshaven? Die Stadt ist heute der größte Marinestützpunkt des Landes und besitzt eine lange Historie. Wilhelm I. kaufte dem Großherzogtum Oldenburg ein rund 300 Hektar großes Land ab und gab den Bau des ersten preußischen Standorts für Seestreitkräfte in Auftrag. Im Juni 1869 verlieh der Preußenkönig und spätere Kaiser Wilhelmshaven seinen heutigen Namen. Falls Sie sich auch schon einmal gefragt haben, warum die Stadt um Himmels willen mit »v« statt mit »f« geschrieben wird: Dies ist die niederdeutsche Schreibweise – damals höchstpersönlich vom Chef, also Wilhelm I., genehmigt.

Der Innen- und Außenbereich des Museums informiert wissenschaftlich fundiert über die 170-jährige deutsche Marinegeschichte. Zu ihr gehören ein marinebegeisterter Kaiser, meuternde Matrosen und zwei deutsche Flotten, die 1990 vereint wurden.

Und wenn Sie ein Gefühl für die harte Arbeit auf See bekommen möchten: Erkunden Sie das Außengelände und steigen Sie hinauf auf das Schnellboot S71 – und unbedingt auch hinab in das U-Boot U10.

Direkt am Marinemuseum vorbei führt der Südstrand, eine Promenade mit vielen Cafés und Restaurants. Von Mai bis September säumen bunte Strandkörbe den vorgelagerten Badestrand.

44

Küstenmuseum Wilhelmshaven
Weserstraße 58
26382 Wilhelmshaven
04421 400940
www.kuestenmuseum.de

SICH WIE EIN DEICHARBEITER FÜHLEN

Küstenmuseum Wilhelmshaven

»Ziemlich unbequem« – das ist mein erster Gedanke, als ich die schweren Deicherstiefel überziehe. Am Fuß aus Holz, vom Knöchel bis zum Knie aus dünnem Leder, waren sie so etwas wie ein Vorläufer der Gummistiefel. Während ich die Schuhe schnell wieder ausziehen kann, standen die Arbeiter im 17. Jahrhundert damit stundenlang in der Feuchtigkeit, schleppten Kleiboden, stachen Soden und klopften Grasflächen fest. Eine harte Arbeit, jedoch ungemein wichtig: Deiche und Siele schützen bis heute die Küstenbewohner vor den Gefahren des Meeres.

Doch wie genau waren die einstigen Baustellen organisiert? Was passierte in der Region vor 14.000 Jahren? Und wann machten die Piraten die Gegend an der Jade unsicher? Um diese und weitere Fragen geht es im Küstenmuseum in Wilhelmshaven. Die Ausstellung lädt zum Mitmachen ein, man kann viel aus- und anprobieren – wie zum Beispiel die Deicherstiefel.

Die Ausdehnungs- und Rückzugsphasen des Meeres seit der Eiszeit und die daraus entstehende Küstenlinie kann man sich an einem interaktiven Medientisch anschauen. Im Forschungslabor mit sechs verschiedenen Stationen schlüpfen Besucher in die Rolle eines Wissenschaftlers und können nachvollziehen, wie der Alltag der frühen Küstenbewohner ablief. Für Kinder spannend ist ein Modell der mittelalterlichen Sibetsburg. Die Nachwuchsseeräuber können an der Piratenfestung nicht nur ein Schiff zur großen Fahrt beladen und sich verkleiden, sondern auf dem Marktplatz auch mit erbeuteten Waren handeln. Dabei ist der Lerneffekt immer inklusive – was man damals mit den friesischen und hansischen Gütern herstellte, steht jeweils auf deren Rückseite.

Am Ende meines Rundgangs der Ausstellung wartet wieder etwas zum Anprobieren: ein waschechter Friesenmantel! Wie der aussieht? Das müssen Sie schon selbst herausfinden …

Das Küstenmuseum ist ganzjährig geöffnet. Die Einrichtung bietet viele Veranstaltungen an, zum Beispiel *Lilli*Billi* mit vielen Abenteuern für Kinder.

45

MORGÆN Café
Marktstraße 95
26382 Wilhelmshaven
04421 21668

LIEBLINGSPLATZ MIT FLAIR

MORGÆN Café

Dunkelgraue Wände, viel Holz, ein weiches Ledersofa vor einer großen Fensterfront, dazu der Duft von Kaffee und frisch gebackenem Kuchen – betritt man das *MORGÆN Café*, reibt man sich verwundert die Augen. Ist man in Berlin-Friedrichshain oder Hamburg-Ottensen gelandet? Ist man nicht! Das Café befindet sich mitten in der Wilhelmshavener City.

»Wir wollten einen Ort schaffen, den wir bis dahin vermisst haben«, sagt Heike Fürstenwerth. Gemeinsam mit ihrem Mann und den beiden Kindern zog sie aus Nürnberg zurück an die Küste, um das Hotel ihrer Eltern zu übernehmen. Von Anfang an war klar, dass sie es in ihrem Stil weiterführen würde, quasi als Haus Fürstenwerth 2.0. Daher entstand die Idee, den ehemaligen Frühstücksraum in ein wunderbares Café zu verwandeln. Das machte die Familie dann auch – ohne Kompromisse und mit Liebe zum Detail. Praktisch: Als studierte Innenarchitektin hatte die Chefin eine genaue Vorstellung davon, wie ihr künftiger Lieblingsplatz aussehen sollte.

Das Herz für die kleinen, wichtigen Dinge, die dafür sorgen, dass man das Café gerne einem Freund empfiehlt, schlägt in allen Bereichen. Da wäre zunächst die Herzlichkeit der Gastgeber. Man ist offen, freundlich, hilft gerne bei der Bestellung weiter – und hat immer Zeit für einen kurzen Schnack. Bei der Auswahl der Lebensmittel werden zudem keine Kompromisse gemacht. Verarbeitet werden fast ausschließlich regionale Produkte, es gibt selbst gebackene, zum Teil vegane Kuchen und Torten sowie mittags eine Auswahl an frischen Bowls und anderen kleinen Speisen. Der Kaffee hat Barista-Qualität und wird mit Latte-Art serviert.

Wie schön, dass Heike Fürstenwerth bei ihrer Rückkehr aus Bayern zunächst einen fabelhaften Lieblingsplatz vermisste. Das Ergebnis ist ein Lieblingsplatz für alle und ein kleiner Glücksfall für Wilhelmshaven.

Bestellen Sie Bananenbrot (gibt's auch zum Mitnehmen) und einen *Flat White*. Heike Fürstenwerth: »Der schmeckt wie ein starker Cappuccino, hat aber noch etwas mehr Rums.«

46

Schlossmuseum Jever
Schlossplatz 1
26441 Jever
04461 969350
www.schlossmuseum.de

EUROPA IST HIER ZU HAUSE

Schlossmuseum

Wer durch die Räume streift, spürt noch den Geist der legendären letzten friesischen Regentin Maria von Jever (1500–1575). Sie ließ das im 14. Jahrhundert als Wehranlage errichtete Gemäuer ausbauen. 1736 erhielt es die markante Zwiebelhaube – heute das Wahrzeichen des Jeverlandes.

Wer Jever verstehen möchte, sollte sich das Schloss anschauen. Es zeigt die wechselvolle Geschichte des Landes, das als Friesland erst frei war, dann zu Oldenburg gehörte und sich immer schon von Ostfriesland abgrenzte. Das schließt sich kurioserweise weiter im Westen an. Vor allem lässt sich im Schloss erahnen, wie Maria von Jever lebte. Sie war die Tochter des letzten Friesenhäuptlings Edo Wiemken und verkörperte die Weitsicht und Eigenständigkeit des Jeverlandes. Maria von Jever ließ Deiche aufschütten, sie legte den Hafen Hooksiel an, der über den Wasserweg mit Jever verbunden war. So konnte ein intensiver Handel betrieben werden. 1536 erhielt Jever die Stadtrechte. Nach Marias Tod fiel das Jeverland an die Fürsten von Anhalt-Zerbst, 1793 an die russische Zarin Katharina II. So war es einige Jahre russisch, zwischendurch auch von Franzosen und Holländern besetzt. Bis 1918 gehörte Jever zum Großherzogtum Oldenburg.

Diese spannende europäische Geschichte ist für diese Region ungewöhnlich. Sie wird im Museum anschaulich dem Besucher nahegebracht. Im Gobelinsaal sind Brüsseler Bildteppiche zu bewundern. Die Deckenmalerei stammt aus dem späten 19. Jahrhundert. Landkarten und Pläne, Porzellan, Schwerter und Orden sind genauso zu sehen wie die Einrichtung eines alten Kaufmannsladens. Für Kuchenfreunde als Tipp gilt das Schlosscafé, das auch von außen betreten werden kann.

Wer sich dann noch im Park umschaut, wird überrascht von Rad schlagenden Pfauen, Wassergräben, Liegeflächen und einer alten Rotbuche, die angenehm Schatten spendet.

Vom Turm des Schlosses aus sind die Stadt und das Jeverland weithin zu überblicken.

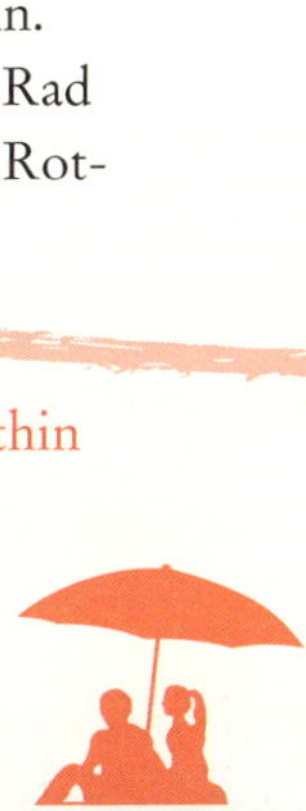

47

Brauereimuseum
Elisabethufer 17
26441 Jever
04461 13711
www.jever.de

Weiches Wasser krönt den Geschmack

Brauereimuseum

Jever und das Prädikat »friesisch-herb« gehören schon seit 1848 zusammen. Seitdem wird in der Stadt Bier gebraut. Die verspiegelten Glastürme der Brauerei gelten als Wahrzeichen. Das brauereieigene Museum zeigt derweil anschaulich, wie es in alten Zeiten zuging – beim Abfüllen.

Im Brauereimuseum des Friesischen Brauhauses zu Jever wird viel verraten über die Kunst des Brauens. Die herbe Note des Biers kommt vom Lupulin, das sich im Fruchtkegel der weiblichen Hopfenpflanze befindet. Weiches Wasser bringt den Hopfengeschmack bestens zur Entfaltung. Aktive Tiefbrunnen wurden 1893 nur 3,5 Kilometer von der Brauerei entfernt gebaut. Ein Jahr später sprudelte das begehrte Nass durch Jevers erste Wasserleitung. Damals setzte der Eigentümer Theodor Fetköter, der die Brauerei 1867 gekauft hatte, alles daran, aus dem Familienbetrieb eine große Firma zu machen. Er ließ spezielle Flaschen gießen, deren Reinigungsanlage heute im Museum steht. Er investierte in Werbung, wovon ebenfalls noch Plakate zeugen. Eine alte Schankstube erinnert daran, wie es vor rund 100 Jahren beim Ausschank des »Rohstoffs« der Arbeiter so zuging. Wie die Männer früher unten in ein großes Loch im alten Bierfass der Brauerei krochen, um es zu reinigen, macht die Gastführerin nur ansatzweise vor.

Wie anders das Bierbrauen heute ist, erleben die Besucher bei den Rundgängen. In jedem der drei verspiegelten Gärtürme wartet etwa eine Million Liter Jungbier auf die Abfüllung. Rund einen Monat verbringt der Gerstensaft darin, bis er fertig für die Flasche ist. Dass in der bundesweiten Werbung das stimmhafte »v« der Biermarke als »w« ausgesprochen wird, ärgert die Jeveraner. Sie legen Wert auf das norddeutsche »v« wie in Wilhelmshaven – also gesprochen wie »f« in Hafen.

Die Eigenständigkeit des Namens hat sich erhalten, das »Jever« gehört jedoch als Firma längst zur Radeberger Gruppe und damit zum Oetker-Konzern in Bielefeld.

»Echte Leidenschaften« probieren – das ist eine zart-knusprige Blätterteigbrezel aus Jever.

48

Tourist-Information
Hohe Weg 1
26434 Hooksiel
04425 95800
www.wangerland.de

Hooksieler Renntage
Bäderstraße/
An der Jaderennbahn
26434 Hooksiel
www.hooksieler-
rennverein.de

BEI FAMILIEN HOCH IM KURS

Küstenbadeort Hooksiel

Der Name Hook ist schnell erklärt – er bezeichnet einen Haken, eine Nase, einen Vorsprung. Einst bildete Hooksiel den Hafen von Jever. Heute zeigt sich der Ort als beliebtes Ziel für günstigen Familienurlaub.

Das alte Kopfsteinpflaster besteht noch, während die einstigen Packhäuser als Ferienwohnungen und Hotels dienen. Schilder künden von den Höhen, zu denen sich die Flutwellen hier schon oft auftürmten. Heute ist der Wasserstand konstant. Das Hooksmeer, vier Kilometer reinste Segel-, Surf- und Wasserskifreude, ist eingedeicht.

Der Alte Hafen mit den Packhäusern, in denen früher Salz, Pfeffer, Tabak oder Fisch gelagert wurden, steht unter Denkmalschutz. Ein altes Schiff ziert den Kai. Vor dieser idyllischen Kulisse werden Hafenfeste gerne gefeiert. Ein Muschelmuseum zeigt Raritäten unter den kalkigen Behausungen des Meeres. Das schmucke Künstlerhaus mit Zwiebelturm zieht wiederum immer wieder bekannte Maler an, deren Werke in bemerkenswerten Ausstellungen zu sehen sind. Ebenso locken die Trabrennen im Juli und August viele Besucher an. Das Spektakel setzt auf Unterhaltung; bunte Hüte bei den Frauen gehören dazu.

Darüber hinaus lädt Hooksiel einmal im Jahr zum Schollenbraten im Wattenmeer ein. Dann bauen die *Seesterne* – ein Zusammenschluss der Köche aus dem Wangerland – bei Ebbe ihre Grillstationen vor der Küste auf. Die Zeit läuft, denn spätestens wenn die Gäste knietief im Wasser stehen, muss Schluss sein. Der Genuss kommt dennoch nicht zu kurz, denn es bleiben rund sechs Stunden bei Niedrigwasser. Der Abstand von Flut zu Flut beträgt zwölf Stunden und 25 Minuten.

Neben diesen originellen Ideen bietet das Dorf moderate Preise. Hooksiel bietet, was Familien lieben – Sand, Wiesen, ein Hallenbad mit Wellen und Meerwasser, eine Spielscheune mit einer 44 Meter langen Wellenrutsche, Camping, eine Wasserskianlage, ein Leistungszentrum Seesegeln, eine Strandsauna und einen FKK-Strand.

Hooksieler Renntage – die Zuschauer sitzen auf einem Deich und können verfolgen, wie die Pferde beim Trabrennen die Nüstern vorn haben wollen.

49

Das Minsener Seewiefken
Norderaltendeich 1
26434 Wangerland

Wangerland Touristik im Nationalpark-Haus
Kirchstraße 9
26434 Minsen
04426 904700
www.wangerland.de

Die Frau aus dem Meer

Das Minsener Seewiefken

Wer »das Seewiefken« nicht kennt, hat das Wangerland nie gesehen. Die Meerjungfrau ziert das Wappen der Region nördlich von Wilhelmshaven und ist so etwas wie die Regionsheilige. Ihr Ursprung liegt in Minsen, das 1972 im damals gegründeten Wangerland aufging. In Minsen-Förrien reckt sich die barbusige Sagengestalt stolz in den Himmel; ihren Fischschwanz hält sie artgerecht Richtung Nordsee.

Es sollen die Fischer von Minsen gewesen sein, die einst die Meermaid an Land zogen. Sie hielten sie gegen ihren Willen fest. Diese Freiheitsberaubung wollten sie damit rechtfertigen, dass die junge Frau ein umfangreiches Heilwissen besaß. In Minsen und Umgebung grassierten damals – es war etwa die Zeit kurz nach der Entdeckung Amerikas durch Kolumbus – tödliche Krankheiten. Die kluge Nixe aber entwischte ins Meer. Tags darauf schickte sie eine verheerende Sturmflut, die den Ort wegwusch. Übrig blieb die Sandbank Minsener Oog. Sie liegt heute noch als unbewohnte Insel vor der Küste, etwa zwei Kilometer südöstlich von Wangerooge. Doch die Bronzeskulptur in Minsen-Förrien ist das einzig Handfeste der Sage. Viele Radfahrer und Spaziergänger halten bei der Figur und lassen sich mit der jungen Dame fotografieren.

Das Wangerland ist reich an Sagen. Es war schon früh besiedelt, denn Jever bezog seine Waren über das Hooksieler Tief, eine Wasserverbindung zur Jade. Schon 1860 eröffnete in Schillig an der Nordostkante der ostfriesischen Halbinsel das Strandbad. Sand spülte nach jeder Sturmflut mehr an. Die Strömung meinte es gut mit Schillig, weniger gut mit Wangerooge. Dort ging der Sand verloren. Ob von dieser natürlichen Art der Sandaufspülung eine alte Rivalität der Wangerländer mit Wangerooge herrührt, bleibt ungeklärt. Böse Zungen behaupten heute noch, die ostfriesische Insel sei nichts weiter als Küstenschutz für ihr Land.

Tipp: Zünftig speisen im Restaurant und Café bei Arno Meents im Alten Zollhaus in Horumersiel (www.zollhaus.de).

50

Raddampferfahrt Carolinensiel-Harlesiel
Ableger: Am Hafen Ost
26409 Wittmund Carolinensiel
Deutschland

Tourist-Information in der Cliner Quelle
Nordseestraße 1
26409 Nordseebad
Carolinensiel-Harlesiel
04464 94930
www.carolinensiel.de

ERKUNDUNG VOM WASSER AUS

Carolinensiel-Harlesiel

Der Raddampfer *Concordia II.* ist ein Nachbau seines Originals von 1854. Besucher können heute mit ihm vom Yachthafen in Harlesiel durch die Friedrichsschleuse, vorbei am neuen Kurzentrum *Cliner Quelle,* bis in den Museumshafen Carolinensiel fahren – und wieder zurück. Was für ein Erlebnis!

Im Kurgarten Carolinensiels sprudelt reinstes Quellwasser, das im Kurzentrum für viele Anwendungen genutzt wird. Die *Cliner Quelle* schmückt das Nordseebad und bietet Urlaub für alle Sinne. Sogar Joseph Jackson, Vater des verstorbenen Stars Michael Jackson, jettete einst einmal im Jahr hierher, um sich verwöhnen zu lassen. In Harlesiel gibt es auch einen Strand, sodass das Urlaubsgefühl auch in dieser Hinsicht abgerundet wird. Robbe Carolinchen, das Maskottchen des Nordseebades, lächelt fröhlich.

Das taten früher die Kapitäne des Ortes. Sie freuten sich über einen blühenden Handel, denn die Windjammer und Frachtensegler fuhren Mitte des 19. Jahrhunderts von Carolinensiel aus in alle Welt. Die Nordsee reichte damals bis zum Alten Hafen, dessen Speicherhäuser heute teilweise erhalten sind. Vor Anker liegen noch 100 Jahre alte Plattbodensegler. Auf ihnen wurden die Waren durch die Kanäle im Lande und entlang der Küste verteilt. Das alles lässt sich im Sielhafenmuseum eingehend nachempfinden.

Für das Seegefühl eignet sich jedoch die halbstündige Fahrt mit dem Raddampfer *Concordia II.* besser. Einsteigen entweder im Alten Hafen oder unterwegs auf der Tour des Schiffes mit dem roten Wasserrad Richtung Yachthafen Harlesiel. Die Glocke ertönt. Die Letzten steigen ein, und schon legt der Kapitän mit seinem stolzen Schiff ab. Von den Cafés und Teestuben entlang der Harle winken die Gäste fröhlich. Vorn am Schiff weht die ostfriesische Flagge – schwarz, rot, blau in waagerechten Streifen.

Im Kurzentrum Cliner Quelle ist der Wellness- und Saunabereich zu empfehlen (www.cliner-quelle.de).

51

Küstenräucherei Albrecht
Friedrichsschleuse 17
26409 Carolinensiel
04464 384
www.fisch-albrecht.de

Janssen's Fisch
Am Hafen Ost 4a und
Schleusenstraße 9–10
04464 94930
www.janssens-fisch.de
www.carolinensiel.de

IM BRÖTCHEN HAT ALLES PLATZ

Küstenräucherei Albrecht in Carolinensiel

Bei der Küstenräucherei Albrecht dreht sich alles um den Verkauf von dem, was die Krabbenkutter jeden Morgen aus der Nordsee mitbringen. Frischer Fisch gehörte zu der Region Ostfriesland, schon lange bevor es die Landesbezeichnung gab. Für den Neuling empfiehlt sich zunächst der Besuch im Fischladen. Dort gibt es Krabben (gepult) und Matjes (mit Zwiebeln).

Auch bei *Janssen's Fisch* lässt sich wunderbar einkehren. 1974 begann die Familie mit einer kleinen Räucherei. Dann kamen mehrere Filialen mit Ladengeschäften hinzu. Im Restaurant empfiehlt sich der Garnelenspieß, wobei Räucherfisch natürlich Tradition bei der Familie hat und daher nicht verpasst werden sollte. Aal, Stremellachs, Schillerlocken und Makrelenfilets werden genauso schmackhaft geräuchert wie Forelle, Goldbarsch oder Dorade. Beim Heißräuchern werden die Fische vorher entschuppt und in Salzlake gelegt. Vier Stunden hängen sie dann bei 70 bis 90 Grad im Räucherofen. Beim Kalträuchern verbringen die ausgenommenen und gewürzten Fische bei 15 bis 20 Grad ein bis sechs Tage im Räucherofen. Wer im Restaurant Platz nimmt, sollte die gebratene Seezunge probieren oder bei großem Hunger die Seemannsplatte. Dazu gehören vier Fischsorten, in der Pfanne gebraten – guten Appetit!

Auch die Krabben sind stets allerersterQualität. Sie zu probieren, das gehört zum Ostfrieslandgefühl auf jeden Fall dazu. Sie haben keinen stark ausgeprägten Geschmack, hinterlassen im Mund aber einen Hauch Nordseearoma. Da das Pulen, also das Entfernen des dünnen Panzers des kleinen Tieres, zeitraubend ist, wurden die Nordseekrabben früher nach Polen oder gar Marokko transportiert, wo die Stundenlöhne niedriger sind. Seit es Pulmaschinen gibt, bleiben wieder mehr Krabben im Lande. Matjes sollte auch jeder probiert haben. Die milden Salzheringe werden meist Ende Mai bis Mitte Juni in der Nordsee gefangen, bevor sie sich fortpflanzen. Sie haben noch keinen Rogen – also Fischeier , aber einen hohen Fettgehalt.

Jedes Jahr Ende Mai feiert Emden sein Matjesfest. Dahin strömen Zehntausende. Das Spektakel ist sehenswert (www.emden.de).

52

Hafen Neuharlingersiel
Am Hafen
26427 Neuharlingersiel

Kurverein Neuharlingersiel
Edo-Edzards-Straße 1
26427 Nordseeheilbad Neuharlingersiel
04974 18812
www.neuharlingersiel.de/veranstalter/kurverein-neuharlingersiel-e-v

EIN ROMANTISCHES HAFENGEMÄLDE

Rund um den Hafen

Hier legt die Fähre nach Spiekeroog ab. Aber das ist nicht der Grund, warum der Hafen so ein besonderer Platz ist. Er gehört zu den ältesten Fischerorten an der ostfriesischen Küste und wurde 1693 erstmals erwähnt. Vor allem ist es die Schönheit der Hafenfront mit den Krabbenkuttern, die die Gäste in ihren Bann zieht.

Das Hafenidyll mit den Schiffen und Netzen gehört für die meisten Ostfrieslandurlauber zum Besuchsprogramm. Hier zu flanieren und dem Treiben der Fischer zuzusehen, dem Flug gieriger Möwen oder den Eis schleckenden Touristen, das hat einen Wert an sich. Es ist, als ginge man durch ein romantisches Gemälde und würde selbst Teil der Kulisse. Fernsehsender suchen sich regelmäßig diesen Hafen mit seinen Cafés und Kneipen für Vorabendserien aus.

Dazu passt auch das Buddelschiffmuseum. Es zeigt von römischen und ägyptischen Booten bis zu Viermastern, Koggen und U-Booten alle möglichen Schiffsvarianten in Flaschen. Die größten Kähne füllen eine 60-Liter-Buddel. Ein wahres Kaleidoskop der Seefahrt ist demnach hier zu bewundern.

Berühmt sind zwei Seeleute, die Tag und Nacht am Hafen stehen: Jung- und Altfischer. Die Skulpturen hat Hans-Christian Petersen im Jahr 2000 geschaffen. Der alte Mann lehnt sich auf einen Weidenkorb und schaut aufs Meer hinaus, der junge zum Land. Mit diesem ansprechenden Kunstwerk haben sich schon Zehntausende Besucher in allen nur erdenklichen Posen fotografieren lassen. Es ist fester Bestandteil eines Hafenbesuchs.

Von hier sind es nur ein paar Schritte zum Sielhof. Der um 1900 im Barockstil umgebaute Herrensitz hat ein Café mit gläsernem Pavillon und eine Terrasse zu bieten. Über eine Brücke aus Walknochen gelangt der Besucher in den Park. Der Kurverein Neuharlingersiel, seit 1989 Besitzer des Anwesens, veranstaltet hier auch Konzerte.

Nehmen Sie an einer Kutterfahrt und dem Schaufischen teil. Von April bis Oktober starten die Touren fast täglich vom Hafen aus.

58

Wasserschloss Norderburg
Schloßstraße 3
26553 Dornum
04933 91110

Tourismus GmbH Dornum
Hafenstraße 3
26553 Dornumersiel
04933 91110
www.dornum.de

HIER STEHT DIE GANZE »HERRLICHKEIT«

Wasserschloss Norderburg

Die Norderburg mit ihren Löwen gilt weithin als augenfälliges Signal an Außerfriesische: »Seht, sogar hier, kurz vor dem Watt, können wir Schlösser und Burgen bauen!‹ Rund 25 dieser Herrschaftssitze mit roten Backsteinmauern oder Wassergräben beheimatet die ostfriesische Halbinsel. Dornum beansprucht gleich zwei – neben der Norder- die Osterburg.

Die Freiherren von Closter waren die letzten Häuptlinge, die Dornum als »Herrlichkeit« führten. So wird in Ostfriesland die Herrschaft eines Adligen über sein Land genannt. Von 1556 bis ins 18. Jahrhundert regierten sie vom Wasserschloss aus. Ein Löwe am Eingang zur Norderburg hält das Wappen derer von Closter in seinen Klauen und symbolisiert die Macht und Uneinnehmbarkeit. Dabei standen ursprünglich drei Burgen in Dornum, die alle bei Kriegszügen 1514 zerstört wurden. Diese hier, die Norderburg, wurde 1534 wieder aufgebaut. Der letzte Erbherr, Haro Joachim von Closter, wird unter dem Wappen am Eingang erwähnt. Er baute das Haus 1698 bis 1707 zum prächtigen Barockschloss mit Vierflügelanlage, Vorburg und Park aus. Ein breiter Dreiecksgiebel mit dem Relief der Pallas Athene krönt das Hauptportal. Der zweigeschossige Rittersaal mit seiner Galerie glänzt durch eine Deckenmalerei mit mythologischen Motiven.

Der Gast muss allerdings die Konzerttermine abwarten, bis er den Saal zu sehen bekommt. Führungen werden nur in den Ferien angeboten, da das Schloss eine Realschule beherbergt und die Schüler selbstverständlich ihre Ruhe brauchen.

Doch hat Dornum noch die Osterburg (Beningaburg) zu bieten, in der sich sogar übernachten lässt. Im Innenhof bietet das hauseigene Restaurant Speisen an. Ahnensaal und Kellerbar runden das Angebot ab. Wer sich auf eine Schlössertour begeben möchte, findet beim *Ostfriesland Tourismus* Anregung im Heft »Willkommen in Ost-Frieslands Herrlichkeiten«.

Mit 300 Darstellern ist das Ritterfest von Dornum jedes Jahr im August das größte Mittelalter-Spektakel an der Nordsee.

54

Schlosspark Lütetsburg
Landstraße 39
26524 Lütetsburg
04931 4254
www.schlosspark-luetetsburg.de

GARTEN DER SPRECHENDEN BÄNKE

Schlosspark

Nur ein wenig östlich von Norden ist eine wohlkultivierte Rarität zu durchschreiten – der Schlosspark Lütetsburg. Mitten im Marschland wirkt das 30 Hektar große Idyll mit 150 verschiedenen Baum- und Straucharten aus aller Welt wie eine Oase. Es ist der größte private Englische Landschaftsgarten Norddeutschlands. Graf Knyphausen, der Besitzer, wohnt mit seiner Familie nebenan im Wasserschloss und öffnet die Tore des Parks gern für jeden, der zwei Euro ins Drehkreuz wirft.

»Ein uraltes Schloss am Meeresstrand; ein herrlicher Park im baumlosen Land«, textete schon 1882 Theodor Fontane, als er hier wanderte. Er war nicht der einzige, der die verschlungenen Pfade, die verblüffenden Sichtachsen und das Blütenmeer aus Rhododendren und Azaleen lieben lernte. Wilhelm Busch setze sich auf eine der schwarzen Bänke am Westrand, ließ die Luft unter seinen Hut strömen und genoss die »große Aussicht«, wie diese Parkstelle immer noch heißt. Heute schließt sich dort ein Golfplatz an.

Die Bänke aber sind es, die den Park abheben von vielen dieser Art, die es weiter südöstlich im Ammerland gibt. Sie sprechen gewissermaßen Bände, denn es sind auf ihnen Lebensweisheiten in goldener Schrift verewigt. »Fast endlos scheint der Pfad hier«, heißt es auf einer Rückenlehne, »so scheinet das Leben dem Jüngling. Und ach wie täuschen sich Beide.«

Es war Freiherr Edzard Mauritz zu Inn- und Knyphausen, der diese und weitere Inschriften ersann oder aus zeitgenössischer Poesie entlehnte. Der Parkgründer hatte das Gut 1789 geerbt. Bis zu seinem Tod 1824 schuf er die Gartenanlage und legte im Familienbuch minutiös Rechenschaft darüber ab. Doch es ist die Verbindung vom Erleben einer ästhetischen Natur und von anregenden Gedanken über das Leben, die bis heute die Besucher berührt. 40.000 durchschreiten den Park jedes Jahr. Sie bezeugen, was der einstige Gärtner Folkert Fischer 40 Jahre lang hegte wie sein Eigen. »Ich kenne hier jedes Blatt«, sagte er und lächelte demütig.

Genießen Sie Tee und Kuchen unter Weinreben mit Ausblick in den Park – im Schlossparkcafé Lütetsburg.

55

Ludgerikirche
Am Markt 37
26506 Norden
04931 13277
www.norden-ludgeri.de

Ostfriesisches Teemuseum Norden
Am Markt 36
26506 Norden
04931 12100
www.teemuseum.de

SYMPHONIE AUS BACKSTEIN

Ludgerikirche

Allein durch ihre Orgel von Arp Schnitger aus Hamburg sticht die Kirche in Norden unter den ostfriesischen Sakralbauten hervor. Sie ist dem 809 gestorbenen Friesenmissionar und ersten Bischof von Münster geweiht, dem heiligen Liudger. Das macht sie zu einem besonderen Ort für Ostfriesen. Wer hineingeht, erlebt zudem das großartige Hallengefühl.

Der Glockenturm steht ein paar Meter entfernt von der Kirche. Das war schon immer so üblich im Marschland, denn der Boden gab oft nach. In Norden führt heute sogar eine Straße zwischen Turm und Kirche hindurch. Innen ist der Sakralbau aus dem frühen 13. Jahrhundert reich ausgestattet. Der 1455 fertig gestellte gotische Hochchor zieht die Blicke weit hinauf. Die barocke Kanzel und der Schriftaltar sind genauso wertvoll wie das Gestühl. Dies ist Jahrhunderte alt, ebenso das Taufbecken und das Epitaph, das an Unico Manninga erinnert, einen der ostfriesischen Häuptlinge.

Von weltweitem Rang aber ist die Orgel Arp Schnitgers. Der berühmteste Orgelbauer des 17. Jahrhunderts hinterließ in Nordeuropa mehr als 100 Kircheninstrumente. Von Juni bis September erklingt die Orgel in der Ludgerikirche bei freiem Eintritt immer mittwochabends. Es ist ein besonderes Erlebnis, sich still auf die alten Holzbänke zu setzen und ihrem Klang zu lauschen. 46 Register, 77 Pfeifenreihen mit 3.110 Pfeifen und drei Manuale geben der 1985 restaurierten Orgel Format. Auch mit den jährlichen Sommer-Orgelkonzertreihen werden viele Gäste erfreut. Durch Oratorien und Kantatengottesdienste hat sich die Ludgerikantorei weithin einen Namen gemacht. Die *Ludgeri Gospel Singers* reißen alle Zuhörer genauso mit wie die Band *Invocavit*. Über 150 Menschen aus Norden und Umgebung im Alter von vier bis 80 Jahren singen oder machen Musik in der Kirche – was für ein Angebot!

Das neu gestaltete Ostfriesische Teemuseum liefert tiefe Einblicke in diesen Teil der Heimat- und Weltkultur.

56

Norddeich-Mole
26506 Norden

Tourist-Information
Norden-Norddeich
Dörper Weg 22
26506 Norden-Norddeich
04931 986200
www.norddeich.de

AM SCHARNIER ZU ZWEI INSELN

Norddeich-Mole

Dieser Bahnhof und der Hafen sind das Scharnier Ostfrieslands. Hier kommen viele Gäste mit der Bahn an und steigen auf die Fähre um. Die eine bringt sie nach Norderney (mehrmals täglich), die andere nach Juist. Das klappt nicht so oft, weil die Rinne nur bei Flut ausreichend Wasser für die Schiffe führt. Sich in Norddeich aufzuhalten, hat jedoch auch einen besonderen Reiz, nicht umsonst verbringen viele ihren gesamten Urlaub im Nordseeheilbad.

»Norddeich-Mole« steht auf dem Fahrplan, den ein Bahnmitarbeiter für den anreisenden Gast ausgedruckt hat. Es ist die Endstation. Von hier sind es nur ein paar Schritte zu den Fähren. Rechts geht es nach Norderney, links nach Juist. Menschenmassen mit und ohne Koffer drängen sich. Es ist ein Durchlauferhitzer, dieser Umschlagplatz für Feriensehnsüchtige. Einige drängen aufs Schiff, um bald ihr begehrtes Ziel zu erreichen. Andere schleppen sich von Bord, ihrem Alltag entgegen. Ihre Gesichter sprechen oft Bände.

Über ihren Köpfen bringen Flugzeuge eilige Gäste zu den Inseln – meist nach Juist, denn die Fähre verkehrt nur selten. Norddeich selbst bietet jedoch Urlaubern viel – einen Strand, das größte Erlebnisbad der ostfriesischen Küste, *Ocean Wave*, und einen Minigolfplatz nebenan, der selbst im Winter offen ist. Für spielende Kinder ist allenthalben gesorgt. So verbringen viele Familien ihre Ferien an diesem herrlichen Flecken auf dem Festland. Der Aufenthalt ist günstiger, und zudem gibt es die Seehundstation. Innen und außen sind nicht nur die schwimmenden Robben zu bewundern, man kann vor einer Kamera sogar selbst das Robben üben. Das sieht komisch aus und belustigt mindestens die eigene Familie.

Norddeich-Mole ist der Ort mit besonderem Flair für alle, die den Übergang vom Land zum Meer lieben. Und den Menschen zuschauen, am Scharnier zu den Inseln, bietet allerhand Unterhaltsames und Überraschungen.

Zum Drachen- und Windspielfestival im Juni treffen sich Drachenflieger aus ganz Europa.

57

Touristik GmbH Krummhörn-Greetsiel
Zur Hauener Hooge 11
26736 Greetsiel
04926 91880
www.greetsiel.de

Schwimmbad und Sauna Oase Greetsiel
Zur Hauener Hooge 11
26736 Krummhörn
Greetsiel
04926 91880
www.greetsiel.de

FISCHER- UND KÜNSTLERDORF

Greetsiel

19 Dörfer formen die Krummhörn, das ist eine »krumme Ecke«. Wer auf die Landkarte schaut, findet diese »Nase«, die sich westlich von Emden nach Norden hochzieht. Zum Glück ist sie eingedeicht, denn sonst wäre bei jeder zweiten Flut hier »Land unter«. Die Dörfer liegen meist auf Warften, die von Menschenhand aufgeschüttet wurden. Bekanntester und größter Ort ist das Fischer- und Künstlerdorf Greetsiel.

Von dem über 650 Jahre alten Fischerdorf aus regierten die Häuptlinge der aus der Leybucht stammende Familie Cirksena fast 300 Jahre lang ihr Land. Ihr Sitz befand sich in einem früheren Gebäude am Hafen, wo seit dem 17. Jahrhundert das Amtmannshaus steht. Sie konnten beruhigt auf ihre Armada schauen oder die Schiffe aus Hamburg kontrollieren, die hier festmachten und Zoll zu zahlen hatten. Schifffahrt war in Greetsiel schon immer beliebt, weshalb alle dankbar sind, dass nach der Eindeichung die Flotte des Dorfes erhalten bleiben konnte. Eine Schleuse und ein Speicherbecken garantieren einen konstanten Wasserstand im Hafen sowie einen unbehinderten Schiffsverkehr in die Nordsee. Und zu dem gehören auch die Kutter mit ihren Netzen, sonst wäre das Idyll mit den Giebelhäusern aus dem 17. Jahrhundert, den Gassen, den Backsteinhäusern und den berühmten Zwillingsmühlen unvollkommen.

Doch so ist es eine Lust, sich hier zum Kaffee oder Tee mit Kuchen auf die Freiterrassen zu setzen, in den kleinen Läden zu stöbern oder eines der Boote zu mieten. Mit den großen lässt sich auch hinausfahren. So gewinnt der Passagier einen Eindruck, was die Seefahrt hier Jahrhunderte hindurch bedeutet hat. Wer aber das Treiben im Hafen in Ruhe betrachten möchte, kann auch außen im *Rettungsschuppen* Platz nehmen. Die Bar am Siel bietet beste Logenplätze, um das Treiben von Fuß- und Seevolk zu beobachten. Gegen Abend wird es am schönsten, denn dann sitzen die vielen Tagesgäste, die Greetsiel durchfluten, längst wieder in ihren Bussen.

Tauchen Sie in der *Oase Greetsiel* im 30 Grad warmen Wasser ab, entspannen Sie sich auf Sprudelliegen oder genießen Sie die Saunalandschaft.

58

Leuchtturm
Zum Alten Leuchtturm
26736 Krummhörn/Pilsum
Führungen: 04926 2041
Auskunft: 04926 918813
www.greetsiel.de
www.pilsumer-
leuchtturm.de

Alten Brauerei
An der Alten Brauerei 2
26736 Krummhörn/Pilsum
04926 912915
www.alte-brauerei-
pilsum.de

ROT-GELB GERINGELT SEIT 1973

Leuchtturm in Pilsum

Sicherlich ist die Kreuzkirche aus dem 12. Jahrhundert ein nationales Baudenkmal. Imposant ruht ihr Turm in der Mitte auf Pfeilern. Wuchtig beherrscht das Bauwerk Pilsum. Doch weithin berühmt ist der kleinen Ort wegen seines rot-gelb geringelten Leuchtturms. Der wiederum gefiel dem Komiker Otto so gut, dass er ihn als Filmkulisse nutzte. Der Turm lässt sich zwar nur selten von innen besichtigen, aber auch von außen ist das Bauwerk einen Blick wert.

Mit seinen elf Metern Höhe zählt er zu den kleinsten Leuchttürmen Deutschlands. Er schaut nur etwas über den Deich und wurde 1891 als Leitfeuer zusammen mit drei weiteren Leuchttürmen zur »Beleuchtung der Unter-Ems« in Betrieb genommen. 1915 war aber schon Schluss mit dem Feuer in Pilsum, denn der Seeweg war versandet. 1973 begann die Restaurierung mit der einmaligen rot-gelben Farbgebung. Früher war der Turm einfarbig rot und später grau.

Manche kommen nur deshalb, weil sie den Leuchtturm aus den Otto-Filmen kennen. Auch durch die Kinderbücher von Bernd Flessner ist er als »Lükko Leuchtturm« bekannt geworden. Wer dort oben auf dem Deich langgeht, hat eine gute Aussicht auf die Emsmündung und die Küste dahinter. Das sind bereits die Niederlande. Ganz in der Nähe des Turms befindet sich ein Heuhotel, wo die vielen Radfahrer unter den Gästen gern im eigenen Schlafsack die Nacht verbringen und ein üppiges Frühstück genießen. Unten am Deich werden in einem roten Imbisswagen »ostfriesische Delikatessen« verkauft – sie heißen Backfisch oder Currywurst und Emder Matjesbrötchen.

Pilsum selbst liegt rund zwei Kilometer entfernt. Durch den Ort zu schlendern, lohnt sich schon wegen der wuchtigen Kreuzkirche. Sie ist auch von innen sehenswert. Neben einem Käsehof, wo man beim Käsen zuschauen kann, bietet Pilsum auch eine kleine Comedy-Bühne. Holger Müller alias Ausbilder Schmidt hat sich hier niedergelassen und gibt aus seinem Repertoire etwas zum Besten.

Einkehren in der Alten Brauerei neben der Kreuzkirche. Die Qualität der Gerichte ist vielfach gerühmt worden.

59

Rysum
Rund um die Kirche
Turmstraße 1
26736 Krummhörn
04927 267
www.rysum.reformiert.de
www.rysum.org

Rysumer Plaats
Am Judendobbe 4
26736 Krummhörn/Rysum
04927 8379996

EIN DORF WIE IM BILDERBUCH

Rysum

Ein aufgeschütteter Hügel und 750 Menschen, die in alten Häusern zwischen bunten Gärten leben, eine begehbare Mühle und die älteste bespielbare Orgel im nördlichen Europa – das ist Rysum. Alles spielt sich in einem Radius von 400 Metern ab. Größer ist die Warft nicht. Auf zum Bummeln durch die kleinen Lohnen – so nennt man hier die Straßen!

Viele Besucher bleiben immer wieder stehen. Sie schauen in die Vorgärten, auf die tief gezogenen Dächer und den roten Backstein. Dann blicken sie sich um. Da steht der stolze Holländer, die Windmühle. Von oben reicht der Blick bis ins Nachbarland. Von dort holten die Rysumer einst über die zugefrorene Bucht, den Dollart, ihre Orgel. Drei wertvolle Kühe gaben die Bauern dem Orgelbaumeister aus den Niederlanden als Lohn, und schon nannten sie ein klangliches Meisterwerk ihr eigen. Das Instrument aus dem Jahr 1457 tut auch heute noch seinen Dienst in der schlicht gehaltenen Einraumkirche.

Rysum gefällt den Gästen, weil es so aussieht, wie man sich ein ostfriesisches Dorf vorstellt, das sich bei nur sechs Metern über dem Meeresspiegel über Jahrhunderte gehalten hat. Auch die Menschen passen ins Bild. Zum einen führen sie Weltklassik mit international bekannten Pianisten vor, wofür sie jährlich ihre Zuhörer in den Fuhrmannshof bitten. Zum anderen sind sie so findig, in einen denkmalgeschützten Gulfhof (so heißen die alten Bauernhäuser) eine moderne Glaskonstruktion zu integrieren. Dort sitzen speisende und trinkende Restaurantgäste und erfreuen sich an der besten Sicht, denn in dem 1750 erbauten *Gulfhof Rysumer Plaats* lassen sich neben regionalen Produkten auch Ausstellungen genießen.

Die Krummhörn, zu der Rysum gehört, umfasst 17 weitere kleine Warftendörfer und Greetsiel. Diese idyllische Gegend abzufahren, ist für viele die reinste Freude. Doch Rysum ist und bleibt der eindrucksvollste Ort.

Besteigen Sie in Campen den Leuchtturm, den höchsten in Deutschland. Er ähnelt dem Eiffelturm in Paris.

60

Ottos Ottifanten
Dollartstraße 30
26723 Emden

Dat Otto Huus
Große Straße 1
26721 Emden
04921 22121
www.datottohuus.de

DAS RÜSSELHEIM OSTFRIESLANDS

Von den Ottifanten zum Hafen

Es waren einmal zwei Ottifanten, die hatten sich so lieb. Sie standen in Transvaal, und keiner holte sie ab. Da stehen sie noch heute, denn in dem Stadtteil Emdens ist der Komiker Otto Waalkes groß geworden. Er stiftete die beiden Skulpturen.

Otto, der Außerfriesische, wird in seiner Heimatstadt geliebt. *Dat Otto Huus* am Ratsdelft ist eine der wichtigsten Ziele für Touristen. Angemerkt sei jedoch, dass das Museum voller Requisiten aus den Otto-Filmen steht und nur wenig Platz bietet. Doch Otto besucht regelmäßig das kleine Haus und »seine« Stadt, in der er 1948 geboren wurde. Ihn zieht es oft in ein Hotel, das eine Suite mit Ottifanten verschönert hat, sogar die Dusche. Emden, das ist der Ursprung seiner Karriere. Mit elf Jahren sang der junge Otto erstmals öffentlich in einem Emder Kaufhaus. Komiker zu sein, schien ihm auf den Leib geschnitten. Die Emder erlebten ihn schon immer so, wie er sich in seinen Filmen und Auftritten gibt: quirlig, witzig und schlagfertig.

Emden ist ebenfalls kurios. Weil der um 800 gegründete Ort im flachen Marschland liegt, schaufelten die Bewohner bald eine etwa sieben Meter hohe Warft auf und bauten die Häuser darauf. Höchste Erhebung ist die 15 Meter hohe Mülldeponie, die seit 2006 zu einem Landschaftspark umgestaltet wurde.

Emden hat zudem den westlichsten Seehafen Deutschlands. Auf ihn sind die Emder besonders stolz. Dort wird nicht nur das Hafenfest mit viel Matjes gefeiert, das Areal bildet vor allen Dingen den Lebensnerv der Stadt. Die Fähre nach Borkum legt ab, große Überseeschiffe legen an, Autos aus dem VW-Werk der Stadt werden verladen, dem immer noch größten industriellen Arbeitgeber Ostfrieslands. Im Hafen erblicken zudem Windkraftanlagen das Licht der Energiewelt und werden verschifft. Otto, Emden und der Hafen – das ist schon wegen der Ottifanten eine Art Rüsselsheim in Ostfriesland.

Zu empfehlen ist eine Hafenrundfahrt vom Ratsdelft aus – die Erklärungen sind wunderbar. www.ag-ems.de

61

Ostfriesisches Landesmuseum Emden
Rathaus am Delft
Brückstraße 1
26725 Emden
04921 872058
www.landesmuseum-emden.de

Museumsschiffe am Ratsdelft
Am Delft
26721 Emden

VIELE ANTWORTEN, NEUE FRAGEN

Ostfriesisches Landesmuseum Emden

Die Sitten und Gebräuche, die Eigenarten und Kuriositäten quer über die ostfriesische Halbinsel und auf den vorgelagerten Inseln lassen sich im Ostfriesischen Landesmuseum Emden an einem Ort verstehen. Das gut aufbereitete Material aus vielen Jahrhunderten verdient den Besuch der Interessierten.

Wer Ostfriesland kennenlernen möchte, sollte sich in der Ausstellung umschauen. Hilfreich ist dazu allein das 38 Meter lange Landschaftsmodell, das die Besiedlung der ostfriesischen Küste und deren Schutz nachstellt. Historische Karten und Atlanten illustrieren unter anderem die Küstenveränderungen.

Als besondere Attraktion des Museums gilt das Skelett eines etwa 30-jährigen Mannes, der rund 1.200 Jahre lang im Moor lag. Torfstecher entdeckten es im Jahr 1907. »Der Mann von Bernuthsfeld« wurde ausgiebig untersucht, untere anderem in einem Computertomografen. Ein dreidimensionales Bild entstand aus den vielen Aufnahmen. Sein Gesicht ist von der Rechtsmedizin ebenso rekonstruiert worden wie seine Kleidung von der Textilforschung. Vielleicht wird eines Tages auch die genaue Todesursache ermittelt. Bisher ist klar, dass er viele Krankheiten überlebt hatte: Ein Rippenbruch war verheilt, eine Blockwirbelbildung hatte zu einem gebeugten Gang geführt und Arthrose für Schmerzen gesorgt.

Nicht zuletzt lässt sich im Museum der Schlüssel zum Verständnis der friesischen Freiheit finden. Von Recht und Freiheit, den Häuptlingen und der Eigenwilligkeit dieses Völkchens ist viel die Rede. Die sieben Seelande einigten sich auf eine gemeinsame Sprache und einheitliches Recht, später auf eine Deichlinie, die alle vor den Sturmfluten schützen sollte. Früh ersannen sie auch die Sieltore, denn das Wasser aus den Gräben des Landes musste ungehindert abfließen können. Wenn aber der Sturm die Flutwellen hochpeitschte, schlossen sich die Tore wie ein Rückschlagventil. Wie findig und wehrhaft die Friesen doch sind!

Besuchen Sie die Museumsschiffe, die im Ratsdelft vor Anker liegen.

62

Kunsthalle Emden
Hinter dem Rahmen 13
26721 Emden
04921 975050
www.kunsthalle-emden.de

Grachtenbootsfahrt durch Emden
Ableger: Kunsthalle
04921 97400
www.emden-touristik.de

MUSEUM MIT MALSCHULE FÜR ALLE

Kunsthalle

Eine »lebendige Begegnungsstätte zwischen Bürgern und Bildern« zu schaffen, das war das Ziel Henri Nannens (1913–1996). Der Gründer der Kunsthalle Emden, einst Chefredakteur des *Stern*, hat das in seiner Heimatstadt geschafft, wie Besuchende täglich erleben können. Die Ausstellungen haben internationales Niveau.

Wer durch die hohen Räume schlendert, findet fast immer neue Eindrücke. Hier hängen Bilder der Künstlervereinigung *Der Blaue Reiter*, Musterbeispiele des deutschen Expressionismus. Henri Nannen hat seiner Sammlung der Kunst vom Beginn des 20. Jahrhunderts bis heute einen passenden Rahmen verliehen. Das Gebäude, von Nannen und von ihm geworbenen Förderern privat finanziert, ist imposant und wurde seit dem ersten Bau 1986 ständig weiterentwickelt. Die wertvolle Schenkung des Münchener Galeristen Otto van de Loo gab im Jahr 2000 den Anstoß zu einer umfangreichen Erweiterung.

Attraktiv ist auch die angeschlossene Malschule, in der Kinder und Erwachsene in gut ausgestatteten Ateliers kreativ arbeiten. Es ist bundesweit das einzige Kunsthaus, das von Anfang an als Museum mit Malschule konzipiert und gebaut wurde. »Kinder, die früh mit Kunst in Berührung kommen, gehen gestärkt durchs Leben«, sagt Eske Nannen. Die Frau Henri Nannens leitete die Kunsthalle als Geschäftsführerin bis 2017.

Mit bis zu fünf Sonderausstellungen pro Jahr glänzt das Museum als Publikumsmagnet. Die über 160 Ausstellungen haben mittlerweile mehr als zweieinhalb Millionen Besucher erlebt. Die Kombination von hochrangigem Kunstgenuss mit Naturerlebnissen in einer besonderen Region macht die Kunsthalle Emden so einzigartig.

Erst im *Café Henri's* am Museum eine Verschnaufpause einlegen, dann direkt vor der Kunsthalle ins Grachtenboot steigen und Emden auf dem Wasser erkunden.

FRIESISCHE INSELN

13

63

Südstrand Höhe
Ausgangspunkt:
Greune-Stee-Weg
26757 Borkum

Lüttje Toornkieker
Wilhelm-Bakker-Straße 1
26757 Borkum
www.toornkieker.de

WO DER URLAUB GEFÜHL BEKOMMT

Südstrand

Urlaubsgefühl. Es entsteht bei so einem Anblick ganz von allein: blauer Himmel, weiße Wolken, Strandhafer auf Sanddüne. Genau diese Mischung erwartet jeden, der den Südstrand von Borkum besucht. Möwen kreischen dazu, als wollten sie die Gäste fröhlich begrüßen.

Der Südstrand breitet sich bis zum Südbad und der *Heimlichen Liebe* aus, einem Lokal am Ende (oder Anfang) der befestigten Strandpromenade. Die ist übrigens Borkums ganzer Stolz: rund drei Kilometer lang, acht Meter breit, ideal zum Joggen und Spazierengehen und abends beleuchtet.

Doch zurück zum Südstrand: Wer mit dem Fahrrad oder zu Fuß vom Anleger der Fähre kommt und die Greune Stee durchquert hat, trifft hier zunächst auf das Strandlokal *Mathilde's Melkbudje*. Was für ein Hallo! Da sind die neuen Gäste herzlich willkommen und nehmen einen ersten Drink. Andere sind schon länger auf der Insel und begrüßen die Ankömmlinge. Zwei Strandmobile mit profillosen Breitreifen stehen bereit. So können auch Personen, die nicht gut zu Fuß sind, die Brandung aus nächster Nähe erleben. Der Südstrand wirkt wie ein Ruhekissen. Es geht gemütlich und gedämpft zu. Wer hier schwimmen geht, wird während der Saison – wie auch an anderen Stränden der Insel – von Rettungsschwimmern bewacht. Einige der neuen Urlauber können nicht länger warten und springen in ihren schnell angelegten Badesachen ins flache Meer. Andere machen es sich in der Sonne bequem. Manche springen Trampolin, Kinder spielen Ball. Die nächsten mieten sich einen Strandkorb oder ein Strandzelt, um ihr Gepäck zu verstauen. Übrigens ist der Hundestrand hier äußerst beliebt.

Was soll man lange den Tag planen? Hier ergibt er sich wie von selbst. Ebbe und Flut bestimmen den Tagesverlauf, der vielleicht durch einen Zwischenstopp in einem der Strandbudje gewürzt wird. Was für ein Strandleben!

Im *Lüttje Toornkieker* nahe den Alten Leuchtturm passt einfach alles: Kuchen, Suppen, vegane Speisen.

64

Alter Leuchtturm und Walfängerfriedhof
Kirchstraße
26757 Borkum

Er steht für Vieles

Alter Leuchtturm und Walfängerfriedhof

Es gibt ja noch den neuen und den kleinen Leuchtturm auf Borkum. Doch dieser ist der älteste und schönste. Mit seinen 42 Metern ist er zwar nicht der höchste, aber er hat Geschichte. Schließlich war er mal eine Kirche, im Jahr 1400 stand an dieser Stelle ein kleines Gotteshaus. Das sind die ältesten Grundmauern, die die Ostfriesischen Inseln zu bieten haben. Später installierten die Seeleute Licht im Turm, sodass das berüchtigte Borkumriff für die Kapitäne im Dunkeln besser auszumachen war. Ein Emder Kaufmann hatte das Bauwerk finanziert, aber bereits 1570 wurde ein neuer Leuchtturm gebaut.

Die Glanzzeit Borkums fiel in die Mitte des 18. Jahrhunderts. Davon zeugen die erhaltenen Grabsteine aus Namurschiefer, die am Fuße des Alten Leuchtturms stehen. Die wohlhabenden Walfang-Kapitäne ließen sich an dieser Stelle beerdigen. Vereinzelt zeigen Totenköpfe und Inschriften, wer hier ruht. Diese Art der Darstellung entsprach den damaligen Gebräuchen und sollte die Vergänglichkeit des irdischen Lebens verdeutlichen. Die war bei den abenteuerlichen Grönlandfahrten, die meist von November bis Juli dauerten, durchaus oft gegeben. Die Borkumer verdingten sich meist als Offiziere auf den Schiffen und erhielten nur ein kleines Handgeld. Dafür waren sie später am Verkauf des Walfleisches beteiligt und bekamen »von jedem gefangenen Walfisch ein Gewisses«, wie es auf der Tafel »De Walfangerkarkhoff« heißt.

Der Zahn der Zeit nagt an den alten Ziegeln und der Turm wird deshalb renoviert, eine kleine Ausstellung ist jedoch im unteren Teil zugänglich. Das Flair ist dennoch spürbar – auf der Bank zwischen den bunten Blumen und Stauden zu sitzen, sich die eigentümlichen Stelen auf dem alten Friedhof anzuschauen, ist etwas Besonderes. Dazu der Anblick des backsteinroten Leuchtturms mit dem großen Holzkreuz – das wirkt fast meditativ.

Die seltenen Kinnladenknochen von Grönlandwalen zieren als Zaun zwei Grundstücke ganz in der Nähe in der Wilhelm-Bakker-Straße sowie der Roelof-Gerritz-Meyer-Straße.

65

Nordsee Aquarium Borkum
Von-Frese-Straße 46
26757 Borkum
04922 933744
www.nordsee-aquarium.de

Spielinsel Borkum
Westerstraße 35
26757 Borkum
04922 933730

ANFASSEN ODER LIEBER NICHT?

Nordsee Aquarium Borkum

Wer Fische nur von seinem Teller im Restaurant kennt, wird überrascht sein. Hier im Aquarium tummeln sich Dorade und Dorsch, doch sie sehen irgendwie anders aus. Auch Katzenhaie und Knurrhähne sind zu bestaunen. Die möchte niemand auf seinem Teller haben. Schnell schwimmt noch ein Stör dicht an der Außenscheibe vorbei. Dann zieht ein Nagelrochen schwungvoll seine Bahn. Hier verbringen manche Gäste Stunden, so attraktiv ist das Geschehen hinter Glas. 16 Becken bieten Sichtkontakt zum Leben, das sonst ein paar hundert Meter weiter im Nordseewasser für die meisten unsichtbar abläuft.

Nun etwas Mut für den Griff in den »Touchpool«. Darin lassen sich Meeresbewohner mit den Fingern berühren oder sogar auf Händen durchs Wasser tragen. Wer hat schon einmal einen Seestern angefasst? Wie gut, dass in diesem Becken nicht die Seedahlie lebt, denn sie hat bis zu 160 giftige Tentakel. Das Blumentier wächst in Zylinderform und wird bis zu 15 Zentimeter groß.

Da huschen im anderen Aquarium gerade Große Seenadeln vorbei, die bis zu einem halben Meter lang werden. Sie sind mit dem Seepferdchen verwandt. Da sind Herzmuscheln zu sehen, wie sie bei Wattwanderungen gezeigt werden. Das Spannende: Sie haben einen Grabfuß, mit dessen Hilfe sie sogar springen können. Dann wieder sind rund 20 Zentimeter lange Kaiserhummer im Bild oder Nixentäschchen. Das sind die Eikapseln vom Katzenhai, in der dieser in acht bis zehn Monaten heranwächst.

Nun noch zur Scholle: Sie schwimmt als Jungtier aufrecht und ist symmetrisch gebaut. Erst nach etwa zwei Monaten wandern das linke Auge und das Maul zur rechten Körperhälfte. Die Schwimmblase bildet sich zurück und die Scholle schwimmt schräg. Schließlich wird sie zum Plattfisch und liegt auf dem Boden. Unglaublich!

Die Spielinsel ist für kleine Kinder und Jugendliche bis 16 Jahren der passende Ort, wenn es draußen mal nicht so schön ist.

66

Café-Restaurant Ostland
Ostland 4
26757 Borkum
www.cafe-ostland.de

Hofcafé und Restaurant Bauernstuben
Ostland 3
26757 Borkum
04922 3504
www.hauptsachen.de

AUF ZUR LANDPARTIE

Café-Restaurant Ostland

Käsekuchen mit einem Ostfriesentee, dazu im Strandkorb sitzen und ins Grüne schauen – im *Ostland* Borkums ist das Standard. Der ländliche Charme und die kulinarischen Genüsse locken viele Gäste ins Ostland. Pferde grasen friedlich auf der Weide, Rinder, Schafe und Ziegen sind neben Schweinen zu sehen. Bauern mähen Gras. Ein Fünftel der Fläche Borkums wird landwirtschaftlich genutzt, so viel wie auf keiner der anderen sechs Ostfriesischen Inseln. Grund dafür sind die Marschen, die sich im Süden ausbilden konnten. Hierher reicht kein Ausläufer einer Sturmflut.

Das seit mehr als 100 Jahren betriebene Café-Restaurant *Ostland* befindet sich in einem Bauernhof. Es war schon immer »die letzte Gaststätte vor Juist« und ist als Zwischenstopp bei Radfahrern beliebt. Humor haben die Einheimischen ja. Wer mit ihnen »snakken« will, sollte ein paar Redewendungen parat haben. »Wat moij« heißt »wie schön«, »gah sitten« ist die Aufforderung, Platz zu nehmen. Urlauber, die es zu eilig haben, werden gern mit folgendem Satz charakterisiert: »He löppt mit een Bein in Drafft.« Das Telefon heißt hier »Klönkasten« und wer viel redet, ist ein »Babbelgüütje«.

Jetzt aber soll es mit dem Fahrrad weitergehen zur Hoge Hörn, der »erhöht liegenden Ecke«. Sie ist die östlichste Borkums, umgeben von den Ostlagunen, die bei Sturmflut vom Meer überspült werden. Dort sind viele Brut- und Rastvögel zu Hause. Wer die Uferschnepfe oder den Säbelschnäbler sehen möchte, muss am Ende des Radweges noch etwa drei Kilometer zu Fuß durch die Salzwiesen gehen. Das geht nur bei Niedrigwasser.

Es ist ein hübscher Ausflug, der eine andere Facette der Insel zeigt. Wichtig für Wanderer, wenn sie den Weg zurück zum *Ostland* geschafft haben: Dort hält der Linienbus.

Ländlich gut speisen lässt sich auch gleich nebenan in den *Bauernstuben.*

67

Billriff
Westende der Insel
Startpunkt für eine
Wanderung:
Fahrrad-Parkplatz
Memmertstraße
26571 Juist

Domäne Bill
Hammerseestraße 16
26571 Juist
04935 1212
www.kluntje-juist.de

EIN TRAUM AUS SAND UND MEER

Billriff

Der Wind treibt feinen Flugsand über die feste Fläche. Die Sonne bringt das Wasser weiter hinten zum Glitzern. Was für ein Tag! Das Sandriff Bill bietet den Boden für ein großes Wandererlebnis um die Westspitze Juists. Hier treffen sich Nordsee und Wattenmeer, hier rasten Vögel und Seehunde. Ein einsamer Sandweg führt am Meeressaum entlang nach Westen hinaus durch die Ruhezone des Nationalparks. Daher darf man den Weg nicht verlassen – und muss ihn auch genauso wieder zurückgehen. Das kann insgesamt gut drei Stunden dauern!

Dieses Westende hat die Form eines runden Sandkopfes. Die Insulaner hat das früher wohl an eine Pobacke erinnert, weshalb sie es »Bill(e)« nannten, wie der Körperteil im Friesischen heißt. Und das Gebiet nimmt sogar an Fläche zu. Zwar verlagert sich Juist, wie alle Ostfriesischen Inseln, langsam nach Osten, aber es wächst auch westwärts. Die Strömung der Osterems – das ist der östliche Mündungsarm der äußeren Ems – versorgt das Billriff mit Sand, der sich dort ablagert. Allerlei wird hier angespült, daher einfach mal vor die Füße schauen: Da liegen Muscheln, ein mit Algen besetzter Eimer oder Plastikteile. Die allerdings gehören in Sammelboxen, die die Kurverwaltung am Nordstrand aufgestellt hat. Einsammeln hilft der Umwelt. Es ist angesichts der »Plastikisierung« der Meere eine Art Bürgerpflicht.

Der Blick schweift auch in Richtung Süden zur Vogelschutzinsel Memmert, die nicht öffentlich zugänglich ist. Ihre Erforschung und ihr Schutz bildeten das Lebenswerk des Juister Lehrers und Biologen Otto Leege. 1912 hielt er in einer Untersuchung der »werdenden Insel« fest, dass sich dort 188 Pflanzenarten durch Meeres- und Luftströmungen sowie mithilfe von Vögeln und Insekten ausgebreitet hatten. Das Billriff ist hingegen eine Sandwüste, in der jedoch viel Leben herrscht und die sich ständig verändert – ein großartiges Stück Juist!

Einkehren in der *Domäne Bill* bei hausgemachten Spezialitäten wie Stuten (süßes Weißbrot mit Rosinen), mit Spielplatz und Terrasse.

68

Hammersee
Westlich von Loog
26571 Juist
www.zugvogeltage.de

Wasserturm Juist
Strandpromenade 5
26571 Juist

HAND IN HAND MIT DER NATUR

Hammersee

Zwischen dem alten Dorf Loog und der Bill, dem westlichen Sandende von Juist, liegt der Hammersee. So einen Süßwassersee gibt es nirgends sonst auf den sieben Ostfriesischen Inseln. Einst war der See eine Meeresbucht. Das Regenwasser hat ihn inzwischen ausgesüßt, sodass Schilfröhricht am Ufer wachsen kann. Dadurch verlandet der See langsam. Singvögel, Enten und Haubentaucher leben hier prächtig. Es ist eine Freude, den vielen Schwimmvögeln auf dem Wasser zuzusehen. Das geht vom Ufer aus oder von den Dünenketten, die den See umgeben.

Vom Hauptweg nach Westen zur Bill geht es ein paar Schritte auf einem verwunschenen Pfad Richtung See, dann rechts ein paar Stufen hinauf zu einem Aussichtspunkt auf der Hammerdüne. An dieser Stelle eröffnet sich ein Fernblick über die Bäume und die Seefläche bis zu den Dünen und Häusern des Loogs. Weiter hinten schaut die Kuppel des Strandhotels Kurhaus an der Strandpromenade sowie die Spitze des Wasserturms hervor. Die Juister nennen ihn wegen seiner länglichen Form mit kleinem Kopf »Doornkaatbuddel«. In dieser »Schnapsflasche« befindet sich allerdings entgegen anderer Behauptungen nur reines Trinkwasser, etwa 200 Kubikmeter.

Hier auf der Hammerdüne hatte 1651 die schwere Petriflut die Insel zweigeteilt. Mehr als 200 Jahre lang gab es Juist also doppelt, dann wurde der Durchbruch im Süden durch Schutzdünen wieder geschlossen. Im Norden blieb eine Bucht erhalten. Die menschlich verfügte Wiedervereinigung wurde 1932 weiter verfestigt, denn auch im Norden waren inzwischen Sandwälle aufgeschüttet worden. In der niedrigen Bucht zwischen den Dünen im Süden und dem neuen Hammerdeich verblieb das Salzwasser einer Sturmflut und bildete den See. »Hammer« steht für »niedrig gelegene, feuchte Wiese«. Jogger und Spaziergänger umrunden das Idyll nur zu gern. Es ist sozusagen ein »Hammergefühl«.

Die Zugvogeltage in der zweiten Oktoberhälfte sind auch auf Juist ein Höhepunkt. Dann legen die Vögel auf dem Weg ins südliche Winterquartier hier einen Fressstopp ein.

69

Lütje Teehuus
Im Januspark
Dünenstraße 2
26571 Juist
04935 8402
www.juist-gastronomie.de

KUSCHELIG UND WARM

Lütje Teehuus

»Was einst den Janusplatz verschandelt, lockt nun den Gast zu Tee und Bier.« Diese Zeile aus dem Gedicht eines unbekannten Gastes über die Geschichte eines der ältesten Häuser Juists beschreibt die Zeit von 1969 bis etwa 2000. Da übernahm der Juister Gastronom Axel Rippe das mehr als 200 Jahre alte Haus und rettete es vor dem endgültigen Verfall. Er gestaltete es liebevoll von innen und außen. Zwei Terrassen bieten Gästen Platz. Innen ist es am Kamin und in den Ecken kuschelig. Teetrinken wird zelebriert. Sanddorn, der vor der Haustür wächst, ist zu Torte verarbeitet zu genießen. Es gibt auch andere Spezialitäten wie Labskaus.

84 Jahre lang hatte Wilhelmine Marie Focken Raß, geborene Vißer, in ihrem Haus im Januspark gewohnt, fast ihr ganzes Leben lang. »Oma Raß« war Badefrau am Damenstrand. Ihr wurde ein Denkmal gesetzt, das vor dem Alten Warmbad steht. Hier im heutigen Teehuus wohnte die 1846 geborene Frau sowie später auch ihre Tochter Ehmine, genannt »Miele«. Auch sie wurde wie ihre Mutter Badefrau am Damenstrand. Sie starb 1969, seitdem verfiel das Haus.

Wer sich heute darin aufhält, findet noch die Porträtbilder von Mutter und Tochter. Das Teehaus strahlt auf jeden Fall Gemütlichkeit aus. Wandvertäfelung und bemalte Fliesen vermitteln ostfriesischen Charme. Kerzen brennen, die Gäste haben Platz genommen. Ein Stövchen mit dem aufgegossenen Tee in der Kanne wird von der Bedienung auf den Tisch gestellt. Kandis und Rahm stehen bereit. Zwei leere Tassen warten auf Befüllung. Es herrscht eine Atmosphäre, als käme »Oma Raß« gleich um die Ecke zu einem Klönschnack. Doch auch wenn man hierauf leider vergeblich warten muss, kann man nicht anders, als sich wohlzufühlen. Ein Ort zum Sein, zum Verweilen und zum Geschichtenerzählen aus alter Zeit.

Eine moderne Schnitzeljagd bietet sich auch auf Juist an. Einfach Geocaching-Daten herunterladen: www.geocaching.com. Auf geht's!

70

Otto-Leege-Naturschutz-Lehrpfad
Flugplatzstraße 20
26571 Juist

Kurverwaltung im Rathaus
Strandstraße 5
26571 Juist
04935 809800
www.juist.de

WO DIE BÄUME GESICHTER HABEN

Otto-Leege-Naturschutz-Lehrpfad

Der Otto-Leege-Naturschutz-Lehrpfad am östlichen Ende des Dorfes hat ein paar Überraschungen zu bieten. Der auf Juist bekannte Biologe Otto Leege lieferte die Idee dazu. Der Juister Verschönerungsverein legte 1903 ein paar Goldfischteiche an. Die Fische sind mittlerweile verschwunden, die Teiche seit einigen Jahren renaturiert. Wer über die Flugplatzstraße und den nach Norden abbiegenden Weg geht, erreicht das gedrungene Ehrentor für den »Memmert-Vater« Otto Leege. Das Werk des Bildhauers Bernd F. K. Bunk bildet einen künstlerischen Akzent.

An dieser Stelle beginnt linker Hand der Lehrpfad, und auf dem gibt es noch mehr Kunst zu entdecken. Die Juisterin Klarissa Eilers hat auf einige plan gesägte Aststümpfe entlang der Strecke kleine Bilder gemalt. Dort grüßt ein Zwerg, hier lacht eine Eule. Fröhliche Vögel begleiten die Spazierenden, die immer wieder anhalten, die Miniaturen eingehend betrachten und gleichzeitig der Natur lauschen.

Zum Innehalten verlocken auch sinnreiche philosophische Zitate, die die Rückenlehnen der Bänke zieren. So sind bei einer Sitzgelegenheit Ernst Blochs Überlegungen zu lesen, wie sich Denkweisen über dieselben Dinge im Laufe der Zeit ändern. Der Spaziergang an den Goldfischteichen kann also durchaus zum Nachdenken anregen, auch über den Erhalt dieser Natur.

Juist erhielt 2015 den Deutschen Nachhaltigkeitspreis. Umweltfreundlichkeit, soziale Verantwortung und wirtschaftliche Rentabilität gehören zum Programm. Die Klimainsel will bis zum Jahr 2030 sogar klimaneutral sein. Selbst die Polizei fährt Fahrrad, alle Waren (sogar der Müll) und Menschen werden per Pferdefuhrwerk transportiert, und die meisten Gäste reisen per Bahn zum Fährhafen am Norddeich an.

Über Nachhaltigkeit, einen klimaneutralen Urlaub auf Juist und den Weg zur Fair-Trade-Insel informiert die Kurverwaltung.

71

Am Kap
Zugang über Bürgermeister-Willi-Lührs-Straße
26548 Norderney

DEN MÄNNERN HEIMLEUCHTEN

Am Kap

Es liegt auf einer rund 15 Meter hohen Anhöhe. Das Kap Norderney bietet einen der besten Ausblicke über den Ort und Teile der Insel. Zwei Meere sind zu sehen: das Wattenmeer und die Nordsee. Das Augenzwinkern dazu versteht sich, denn beide gehören natürlich zusammen. Ein wenig versteckt warten mehrere geschwungene Liegen auf Ausguckfreudige. Sie sind der Hit. Wer sich darauf niederlässt, sich langsam in oder aus dem Wind dreht, stellt sein Inneres auf Zufriedenheit.

Das Kap hat eine eigene Tradition, seit es 1849 errichtet wurde. Damals schon diente es den Seeleuten als Orientierung. Schlicht gesagt entfachten die Frauen nachts hier oben ein Feuer, um ihren seefahrenden Männern heimzuleuchten. So konnten sie das Seegat zwischen Norderney und Juist besser finden, um dann in den Hafen einzulaufen. Dabei konnte es den Frauen auf dem Kap allerdings passieren, dass neben dem Signalfeuer auch das mächtige Gestell aus Fichtenholz zu brennen begann. Deshalb ersetzte 1870 ein Steinbau das zwölf Meter hohe Balkengerüst. Es gab im Laufe der Zeit mehrere Neubauten und Modernisierungen, die letzte war 2017. Die Namen der freundlichen Spender stehen auf einer Tafel. Allerdings wird das Wahrzeichen der Insel schon lange nicht mehr als Leuchtfeuer genutzt. Längst hatte 1874 der neue, 54 Meter hohe Leuchtturm weiter östlich auf Norderney diese Funktion übernommen. Seine Strahlkraft setzte sich bereits früh aus 24 einzelnen Lichtern zusammen und ist enorm. Schon damals war das Norderneyer Leuchtfeuer 43 Kilometer weit zu sehen. Es ist zudem eine der seltenen linksdrehenden Leuchten. Der Leuchtturm lässt sich zu gewissen Zeiten auch besteigen, allerdings sind es mehr als 250 Stufen. Da ist vorerst wohl das ortsnahe Kap die bequemere Variante für den Norderney-Überblick.

Im Mai oder Juni ist das White Sands Festival der Hit: Top-Windsurfer und Top-Beachvolleyballer sind zu beobachten (www.whitesandsfestival.de).

72

Watt Welten – Wattenmeer Besucherzentrum Norderney
Am Hafen 2
26548 Norderney
04932 2001
www.nationalparkhaus-wattenmeer.de

FLIEGEN WIE DIE KORNWEIHE

Wattenmeer Besucherzentrum *Watt Welten*

Konrad, die Kornweihe, ist in Gefahr. Er gehört zu den seltenen und am stärksten bedrohten Brutvögelarten in Deutschland. Fast alle Kornweihen brüten auf den Ostfriesischen Inseln im Lebensraum Wattenmeer. Was liegt da näher, als den voll beweglichen Nachbau einer Kornweihe im Besucherzentrum *Watt Welten* aufs Dach zu stellen? Jeder kann hineinklettern und die Flügel der (zum Glück festgeschraubten) Kornweihe in Schwingungen versetzen.

So anschaulich geht es im ganzen Haus zu. Welche Fische kann ich bedenkenlos essen? Wie steht es um die Themen Müll, Klima oder Artenschutz? Warum soll ich rastende Vögel im Watt nicht stören? Weil sie sich sonst kein Fettpolster für die Weiterreise anfressen können!

Passend dazu ist eine interaktive, spielerische Forschungsreise angelegt. Jeder kann mitmachen und Punkte sammeln. Dieses Konzept, das zum Begreifen einlädt und komplexe Zusammenhänge anschaulich erklärt, unterscheidet das Nationalparkhaus von anderen Informationszentren dieser Art. Hier steht ein riesiges Relief von Norderney im Eingang: Bestens zu erkennen sind Landschaft und Bebauung, Straßen und Freiflächen, das Grün und der Sand, das Watt und das offene Meer. Schon dieses Modell ist es wegen des Detailreichtums wert, länger zu betrachten. Darüber erhebt sich ein Weltkartenpuzzle. Jeder kann mit einer Spende (drei Beträge sind festgelegt) ein Teil erwerben, das mit seinem Namen beschriftet auf der Karte angebracht wird. Oder Handys: Gebrauchte und nicht mehr genutzte Mobiltelefone lassen sich hier abgeben. Natur und Mensch werden geschützt, weil diese Handys wichtige Rohstoffe enthalten, die wiederaufbereitet werden können. Andere Telefone werden repariert und weiterverwendet.

Das Haus mit seinen 600 Quadratmetern Ausstellungsfläche ist ein gefragter Anlaufpunkt. Die nahezu flugbereite Kornweihe auf dem Dach aber ist das Glanzstück.

Spannende und lehrreiche Veranstaltungen sowie Ausflüge ins Watt werden hier ständig angeboten (www.nationalpark-wattenmeer-erleben.de).

78

Kurtheater Norderney
Am Kurtheater 4
26548 Norderney
04932 891900

Golfclub Norderney e.V.
Am Golfplatz 2
26548 Norderney
04932 927156
www.gc-norderney.de

Konzert, Kabarett und Kino

Kurtheater Norderney

Rot ist die vorherrschende Farbe im Kurtheater. Die Polster sind bequem und die großartige Kulisse sollte kein Besucher verpassen. Vor allem sollte man sich Zeit nehmen, die Logen, die Vorhänge, die Ornamente und den riesigen Kristallleuchter in der Mitte zu betrachten. Zu sehen sind natürlich die grandiosen Darbietungen. Neben Theaterstücken, Comedy, Kabarett und Konzerten gehen hier auch Kinofilme über die Bühne. Es ist jedes Jahr aufs Neue ein umfassendes Programm.

Das Kurtheater wurde 1894 eröffnet und ist damit das älteste Theater Ostfrieslands. Es ähnelt ein wenig dem Celler Hoftheater, die Architektur erinnert aber auch an das Opernhaus in Hannover. Das verwundert kaum, denn Norderney gehörte von 1815 bis 1866 zum Königreich Hannover. Schon seit Jahrzehnten war damals auf Norderney der Wunsch nach einem repräsentativen Ort für kulturelle Darbietungen gewachsen.

Schließlich war die Insel bereits 1797 als erstes Nordseeheilbad Deutschlands in die Geschichte eingegangen und gut besucht. Englische Seebäder dienten als Vorbild. Es gab sogar einen Seesteg über den Wellen – zum besseren Inhalieren der Meeresluft während des Flanierens. Das taten ohnehin viele Prominente auf Norderney. So spürte Wilhelm von Humboldt, Gründer der Berliner Universität, bei seinen Besuchen 1831 bis 1833 »die Leichtigkeit in allen Gliedern«. Otto von Bismarck liebte das Kegeln, schoss Kaninchen und unterhielt die Damen. An Heinrich Heine, der von 1825 bis 1827 oft hier war, erinnert ein Denkmal.

Bis das Kurtheater fertig war, traten internationale Opernstars, berühmte Orchester oder Lustspielensembles im Conversationshaus auf. Die erste Theatersaison begann im Sommer 1872. Später investierte der Hotelier Gustav Weidemann in den Theaterbau im großen Restaurationsgarten seines Hotels *Deutsches Haus*. Davon profitieren die Gäste noch heute.

Fliegende Bälle statt ruhiger Kugel: Wer Golf spielen möchte, findet einen anspruchsvollen Platz in den Dünen.

74

Restaurant Zur Mühle
Marienstraße 24
26548 Norderney
04932 2006
www.norderney-muehle.de

DIE EINZIGE AUF DEN INSELN

Restaurant Zur Mühle

Es klappert die Mühle – nein, hier gibt es keinen rauschenden Bach. Es ist ein Galerieholländer und der ganze Stolz der Insulaner. Die einzige Windmühle auf einer Ostfriesischen Insel wurde 1862 fertiggestellt und mahlte sogar bis 1962 eifrig Korn. Ihrem Namen »Selden Rüst« machte sie damit alle Ehre, übersetzt heißt das »selten Ruhe«. Mehl bei nasskaltem Wetter länger auf der Insel zu lagern, war nämlich schon früh ein Problem. Deshalb musste eine Mühle her. Ihbe Lammers Hellmers erbaute sie schließlich, die dafür notwendige königliche Konzession hatten die Bäcker bereits erwirkt. Zudem kamen Mitte des 19. Jahrhunderts immer mehr Gäste, die alle gern Brot aßen. Da Weizen und Roggen auf der Insel wuchsen, war die Versorgung durch die Mühle gesichert.

In den Annalen ist sogar die Leistung festgehalten. Bei Windstärken von fünf bis sechs aus östlicher oder südlicher Richtung konnte die Mühle rund fünf Tonnen Korn am Tag mahlen. Bei der Windstärke sechs bewegt sich die Luft mit 39 bis 49 Stundenkilometern, starke Äste sind schon in Bewegung und die Wellenkämme auf der Nordsee brechen. Sie erzeugen größere, weiße Schaumflächen. Diese Windkraft war die Voraussetzung für diese enorme Leistung, 5.000 Kilogramm Korn zu mahlen. Das sind 100 Säcke voll – für damalige Zeiten nicht gerade wenig.

Für Mühlenfans gibt es noch mehr zu erfahren, und zwar unten im Restaurant mit Teestube. Dort gibt es regionale Gerichte und einen kleinen Sprachkursus für Friesisch, denn auf der Karte taucht über der hausgemachten Gelben Grütze mit Vanilleeis die Frage auf: »Wat sööts achteran?« Also: Etwas Süßes zum Abschluss? Suppen stehen unter der Rubrik: »Wat mit'n Löppel to eeten.« Am schönsten aber ist es an den Tischen draußen vor der Mühle im Sommer – mit Blick auf das wunderschöne Reetdach, das einzige auf Norderney.

Aktuelle Neuigkeiten von der Insel verbreitet der *Norderneyer Morgen*. Das Heft ist an vielen Stellen kostenlos zu bekommen (www.nomo-norderney.de).

75

Platz des Himmlischen Friesen
Nahe der Tourist-Information im Rathaus
Westdorf 130
26574 Baltrum
04939 8028
www.baltrum.de

SindBad
Westdorf 240
26579 Baltrum
04939 8061
www.baltrum.de/sindbad

DA LACHT DER POTTWAL

Platz des Himmlischen Friesen

Straßen und Plätze tragen auf Baltrum keine Namen. Die Häuser sind der Reihe nach nummeriert, das älteste zuerst. Also deuten die niedrigen Zahlen darauf hin, dass diese Grundstücke auf diesem Teil der Insel als erste bebaut wurden. Doch dieser Platz, eine große Kreuzung für Spaziergänger (und Radfahrer), ist der des Himmlischen Friesen. Dieser Name erinnert zwar an den Platz des Himmlischen Friedens in Peking, wo es 1989 Proteste der chinesischen Demokratiebewegung gab, die mit Gewalt erstickt wurden, hat aber nicht diesen faden Beigeschmack.

Er ist auch nicht der Eingang zur Verbotenen Stadt mit dem Kaiserpalast. Und 40 Hektar groß wie der in Peking ist dieser Platz schon gar nicht – das wäre bereits ein Sechzehntel von ganz Baltrum.

Dabei wirkt der Platz auf Baltrum himmlisch friedlich – unter einem weiten Himmel auf einer Sitzbank. Es gibt Geschäfte, Lokale und den Pottwal Fridolin. Dabei hat Baltrum gar keine große Walfangtradition. Die 1994 errichtete Skulptur des Künstlers Andy Möbius ist aber prima zum Herumklettern. So lässt sich ein wenig träumen von früher und der Zeit, als Baltrum 1876 Seebad wurde.

Huch, was war das? Ein Fahrrad! Sie sind jetzt häufiger auf den Wegen zu sehen, denn die Vermieter stellen sie ihren Gästen zur Verfügung. Es gibt keinen Fahrradverleih, weil die Wege kurz sind und die Gäste eigentlich auch die Entschleunigung lieben. Früher grüßten die Einheimischen mit ihrem »Moin« ohne aufzusehen die Radfahrer, da das Einheimische sein mussten. Heute schauen sie erst auf, denn es könnte auch ein Gast auf dem Drahtesel sitzen. So ändert sich die Mobilität auf der Insel, die zudem auf Pferde setzt. Die fühlen sich in den Weiden am Watt besonders wohl.

Ein paar Schritte weiter liegt das Rathaus. Mal sehen, was es in der Tourist-Information Neues gibt.

Das Kur- und Wellness-Center *SindBad* bietet Raum zum Entspannen mit Meerwasser-Badeland und Saunen.

76

Aussichtsplatz am Westkopf
26574 Baltrum

Jugendbildungsstätte Baltrum
Zingelstraße 12
26603 Aurich
04941 991164
www.jbs-baltrum.de

WEHMÜTIGE BLICKE NACH NORDERNEY

Aussichtsplatz am Westkopf

Einmal die Beine richtig hochlegen. Auf der Bank am Aussichtsplatz am Westkopf ist das ideal. Dort lässt sich dem Flug der Seevögel nachschauen. Die begrünten Buhnen als Wellenbrecher bewundern. Das Glitzern der »Wichter Ee« verfolgen – der Fahrrinne zwischen Baltrum (hier) und Norderney (da drüben). Wehmütige Baltrumer blicken natürlich mit anderen Gefühlen zur westlichen Nachbarinsel hinüber. »Ein Teil von uns ist heute Norderney«, sagen sie dann. Das ist insofern richtig, als dass Baltrum sich im Laufe der Jahrhunderte nach Osten verlagert hat. Heute befindet sich an der Stelle, an der einst Baltrums erste Dorfkirche stand, Norderney. Von 1650 bis 1871 waren es unglaubliche 4,45 Kilometer Strand, die Baltrum im Westen verlor. In dieser Zeit vollzog Baltrum eine Ostverschiebung, bei der die Insel jedoch lediglich etwa 1,4 Kilometer hinzugewann. Dafür wurde sie etwas breiter.

Der Osten Norderneys war früher demnach der Westen Baltrums. Wehmut, Schmerz, Rivalität sind die Folge. Das geht so weit, dass Baltrumer im Jahr 2018 mit zwei Schlauchbooten heimlich in Norderney anlegten und den Maibaum stahlen. Sie gruben ihn aus, ließen ihn aber liegen, weil er zu schwer für den Transport war. Doch die Norderneyer mussten den Feinden aus dem Osten dann kräftig Bier spendieren und eine Party geben, so lautet die Regel. Das Ganze ist natürlich spielerisch, aber der Ursprung liegt tatsächlich ein paar Jahrhunderte zurück.

Nun heißt es: weitere Landverluste vermeiden. Daher ist der Westkopf Baltrums durch eine Schrägdeckwerkskonstruktion aus Wasserbausteinen versiegelt worden. Oben führt die Promenade entlang. Dank dieser Vorkehrungen trotzt die Insel auch den reißenden Sturmfluten so gut es geht. Jetzt, im Sommer, liegt auf der »Wichter Ee« ein lieblicher Glitzer – wie trügerisch.

Zelten lässt sich auf Baltrum nur auf dem Zeltplatz an der Jugendbildungsstätte, nicht irgendwo in den Dünen. Das ist streng verboten.

77

Kajak-Verleih
26579 Baltrum
0176 70421703
www.kajak-baltrum.de

Blumen Hinrichs
Ostdorf
Haus 129
04939 650

STOFF ZUM PLAUDERN

Kajak-Verleih

»Wer nicht zahlen kann, muss singen«, meint Uwe Wietjes vergnügt. Er kann dabei mit seiner Gitarre musikalisch unterstützen. An besonderen Tagen singt und spielt Uwe ohnehin selbst, was alle glücklich macht. Der Eigentümer des Kajak-Verleihs am Surfstrand gehört noch zur Klasse der Baltrumer Originale. Deshalb finden sich hier regelmäßig Einheimische und Gäste zum fröhlichen Plaudern ein. Ein paar Getränke lockern die Stimmung im Strandtreff zusätzlich auf. Und zum Sonnenuntergang ist es das ganz große Kino, an diesem Ort zu sitzen und aufs Meer zu blicken.

Kajaks lassen sich natürlich auch ausleihen. Dazu empfiehlt der Chef »Sit-on-Top«-Kajaks. Die sind kippsicher und gehen so gut wie niemals unter. Knie und Füße haben Platz. Es gibt sie als Einer und Zweier. Also kann es schon losgehen. Für die Zurückgebliebenen bietet sich ein herrlicher Anblick: die bunten Kajaks auf dem blauen Meer, dazu der weite Strand. Übrigens gehört der Sand hier zu den feinsten an der Nordseeküste. Er ließe sich für Sanduhren verwenden, so schön rieselt er. Und das schon mindestens seit 1398, als Baltrum erstmals urkundlich erwähnt wurde. Die Baltrumer sehen es so: Vor Jahrtausenden vereinten sich viele Sandkörner zu einer Sandbank, um auch bei Hochwasser aus der Nordsee herausragen zu können. So war der Boden bereitet für eine Vielzahl von Pflanzen, die mit ihren Wurzeln die Sandbank festhielten. Heute ist sie 6,5 Quadratkilometer groß und trägt ganzjährig rund 500 Einwohner. Dazu auch noch die rund 76.000 Gäste im Jahr. Das »Dornröschen der Nordsee«, wie es manche nennen, gilt von den Ostfriesischen Inseln als der Geheimtipp unter den Urlaubern, die hier mehr als anderswo Abgeschiedenheit, Ruhe und herzliche Kuriosität suchen. Wer sich das näher erläutern lassen möchte, ist im Kajak-Verleih genau richtig.

Gestecke, Mitbringsel und Geschenkideen liefert die Inselgärtnerei *Blumen Hinrichs.*

78

Café Kluntje
Ostdorf 29
26579 Baltrum
04939 419
www.kluntje.com

Alte Inselkirche
Westdorf 9
26579 Baltrum
www.inselkirche-baltrum.de

»Dat knackert un knistert«

Café Kluntje

Ulf Nannen betreibt das Café Kluntje im Ostdorf. Es hat Tradition und frischen Sanddorn-Kuchen zu bieten. Draußen sitzt es sich im Sommer angenehm unter Schirmen und im Grünen. Innen sieht es aus wie in einer Puppenstube. Da winkt der Teddybär von der Häkeldecke. Dort hängen alte Kleider von früheren Hausbewohnern in der offenen Butze. Sie ist mit anderen einzigartigen Originalen prallvoll und liefert fast wie ein Heimatmuseum Einblicke ins frühere Leben auf Baltrum. Damals wurde mit Treibholz geheizt und sitzend geschlafen, weil wegen der vielen Bewohner so wenig Platz war im Alkoven. Der Hauptgrund für die ungemütliche Sitzposition war jedoch die Angst, beim rauchenden Ofen in der Nacht vom Kohlenstoffmonoxid ohnmächtig zu werden.

Diese Zeiten sind lange vorbei. Das Café Kluntje aber blickt gern auf die Anfänge des Hauses mit der Nummer 29 zurück, das etwa 1825 entstand, nachdem eine Sturmflut den Westteil der Insel überflutet hatte. 1999 übernahm Familie Nannen das gute, denkmalgeschützte Stück und renovierte es originalgetreu.

Jetzt ist Zeit für eine Kanne Tee. Dazu liefert Ulf das passende Gedicht von Claudius Wachtendorf: »Bevor man sich den Tee einschenkt, kommt der Kluntje – das ist Kandis – in die Tasse, sodass es knackt und knistert, wenn der heiße Tee draufgegossen wird. Mit dem Sahnelöffel …« Den Rest kennen die meisten. Noch schöner ist es auf Friesisch: »Bevör man sick de Tee gütt in, deit man de Kluntje ünnen drin, so dat dat knackert un knistert – giv got acht! Un denn mit de Rohmläppel ganz sacht, lett man de Rohm in de Tee verschwinnen …« Das wird gerade am Nachbartisch zelebriert. Beim richtigen Ostfriesentee wird die flüssige Sahne linksherum geträufelt. Nur so bleibt die Zeit stehen.

Die Alte Inselkirche von 1826 ist das älteste Haus Baltrums und kaum größer als ein Wohnzimmer. Sie wird noch für Andachten und Trauungen genutzt.

79

Bade- und Burgenstrand
Via Kirchpad, Westerpad, Warmbadweg und Höhenpromenade
26465 Langeoog
www.langeoog.de

VOM ALLERFEINSTEN

Bade- und Burgenstrand

Insgesamt 14 Kilometer Strand hat Langeoog zu bieten. Aber nicht die Länge macht die Besonderheit dieses Strandes aus. Es ist die hohe Qualität des Sandes, es sind die verschiedenen Abschnitte wie Bade- und Burgenstrand, Surfstrand oder Jugend-, Hunde- und Drachenstrand. Es sind die Miniwellen dank einer vorgelagerten Sandbank einerseits, weiter draußen ist andererseits auch die Brandung zu erleben. Ganz einfach: Für jede Freizeitgestaltung am Meer findet sich hier auf Anhieb das Passende.

So reiten die einen vergnügt an den auslaufenden Wellen entlang. Die nächsten gehen surfen, andere sind tief im Burgenbau engagiert. Dann wieder setzt sich eine junge Mutter entspannt in den Strandkorb und parkt ihren Kinderwagen in Hörweite.

Überhaupt haben Kinder ihren Spaß. Sie genießen zudem den Vorteil, hier anständig Sport treiben zu können. Langeoog ist dafür bekannt, das Sportabzeichen anzubieten. Dafür muss natürlich geübt werden. Weitsprung am Sportpalast auf dem Strand ist natürlich etwas Besonderes. Kugelstoßen im Sand oder andere Disziplinen lassen sich sehr schön mit dem Urlaubsgefühl verknüpfen.

Für viele Besucher ist es nach diesem Schema abgelaufen: Sie kamen mit den Eltern als Kind erstmals nach Langeoog und waren am Strand fröhlich. Dann vielleicht ein zweites oder drittes Mal. Später erinnern sich manche an diese Strandsommer und kommen mit der Freundin oder dem Freund wieder. Nach einigen Jahren rückt schließlich die eigene Familie an (manchmal sogar mit den Eltern, die nun schon etwas in die Jahre gekommen sind). So begleitet die Insel ihre Gäste oft ein Leben lang, dem Strand sei Dank. Wobei das nicht ganz stimmt: Auch die Angebote des Ortes, die unverändert frische Luft, die Lokale und Läden, die Originale von Insulanern sowie dieses Gefühl der Vertrautheit – all das macht Langeoog einzigartig. Es ist halt die Familieninsel.

Dünensingen im Dünental zwischen Wasserturm und Hauptbad zu Akkordeonmusik ist beliebt. Dank des Langeooger Liederbuchs kann jeder mitsingen.

80

Bunte Buden
Kavalierpad 12–18
26465 Langeoog

Kramps Lütje Laden
Barkhausenstraße 20
04972 9907407
www.kramps-langeoog.de

Endlich mal richtig Farbe!

Bunte Buden

Schweden? Helgoland? Wo hat man ähnliche Häuser, jeweils in einer kräftigen Farbe bemalt, schon einmal gesehen? Die Meinungen gehen auseinander. Sicher ist: Sie sind schnell zu einer neuen Attraktion für Langeoog geworden. Die 14 Bunten Buden stehen am Weg zum Hauptbad II, haben Scheingiebel (also nichts dahinter) und beherbergen recht viel von dem, was auf der Insel gebraucht wird. Darin können Gäste zum Beispiel Tapas verspeisen, selbst Bernsteine schleifen oder einen Vermietungsservice für Ferienwohnungen in Anspruch nehmen. Grüne Döner werden verkauft oder Meeresalgen und Meersalz. Vor einigen der Buden lässt es sich im Sommer prima draußen sitzen. Die beiden Häuserreihen bilden einen rechten Winkel. Das lässt das Areal größer wirken. Rot dominiert bei den Farben, auch gelb und grün sind zu finden sowie Blautöne. Es ist eine bunte Reihe.

Der Investor, ein gelernter Maurer, hat hier kräftig in die Tasche gegriffen, um diese Bunten Buden, wie sie jetzt fast jeder nennt, zu bauen. Er erinnert sich, dass seine Pläne anfänglich höchst skeptisch verfolgt wurden auf der Insel. Auch im Gemeinderat gab es Widerstand. Doch auf einmal ging alles ganz schnell und er konnte loslegen. Da der Investor auch Gästeführer ist und geführte Radtouren anbietet, hat er von den Besuchern aus erster Hand erfahren, wie sie sich voller Freude an diesen Häusern aufhalten. Sie seien ein großer Gewinn für die Insel, bekräftigen sie übereinstimmend. Einen besonders guten Blick auf die eine Fassadenreihe eröffnet sich oben vom Wasserturm aus. Auch das wissen die (Stamm-)Gäste zu schätzen – neue Bauten auf der altbekannten Insel sind ein Hingucker. Und diese schmeicheln sogar den Augen.

Kramps Lütje Laden bietet statt Plastiktüten Baumwolltaschen und Beutel aus Maisstärke. Die sind sogar als Rucksack zu gebrauchen. Langeoog ist die erste deutsche Fair-Trade-Insel.

81

Ostende Meierei
26465 Langeoog
04972 248
www.falke-meierei.de

LECKERE DICKMILCH MIT SANDDORN

Ostende Meierei

Viele kommen mit der Kutsche, andere mit dem Drahtesel, einige wandern bis zum Ostende. Es ist das Ausflugslokal auf Langeoog. Die Meierei bietet innen und außen Platz für die Gäste. Die Spezialität des Hauses ist Sanddorn. Im Herbst werden die Beeren hier in der Nähe geerntet. Bis zu sechs Meter hoch werden die Ölweidengewächse. Sanddorn enthält viele wichtige Vitamine und stärkt den Stoffwechsel, die Sehkraft und das Immunsystem. Wer die Sanddorntorte schon probiert hat, nimmt sich gern einen Likör. An kühleren Tagen greift man eher zu einem Grog oder probiert die anderen Speisen auf der Karte.

Die Meierei erhielt ihren Namen vom Domänenverwalter, der 1895 auf den Hof zog. Für das Inselhospiz des Klosters Loccum wurden hier Milch, Butter, Käse, Fleisch, Getreide sowie Eier und Gemüse produziert. Bis 1953 die Domäne aufgelöst wurde, lief die Land- und Viehwirtschaft. Die Meierei aber blieb bestehen. Schon 1768 hatte sie das Recht erhalten, eine Krugwirtschaft zu führen. Die Gastronomieangebote sind bodenständig und lecker.

Viele kommen allein wegen der selbst gemachten Dickmilch mit Zucker, Zimtzucker oder Sanddornsaft, dazu gibt es Schwarzbrot. Dieses Gericht erinnert etwas an alte (Not-)Zeiten, schmeckt den meisten aber fabelhaft. Ein frischer Ostfriesentee mit Kluntje und Sahne wird gern bestellt. Auch Herzhaftes wie Matjes, Schinken oder heiße Würstchen wartet auf hungrige Gäste.

Der Besuch lohnt sich zu jeder Jahreszeit. Gerade im Herbst und Winter – geschlossen ist meist nur nach Weihnachten bis Mitte Januar – offenbart die Landschaft ihre Schönheit. Laub, Schnee oder Eiskristalle setzen herrliche Tupfer ins Ostende. Im Frühjahr und Sommer blüht es hier so vielfarbig, dazu verströmen Pflanzen ihren Duft, und die Wolken tanzen am Himmel. Der Familienausflug in den Osten ist dann für die meisten ein Muss, egal mit welchem Verkehrsmittel.

Wer das Idyll am Ostende länger genießen möchte, kann sich in eine Ferienwohnung der Meierei einmieten.

82

Bahnhof Pferdebahn
Westerloog 15
26474 Spiekeroog
0177 5120519
www.pferdebahn-spiekeroog.de

Kinderspielhaus Trockendock
Noorderpad 26
26474 Spiekeroog

ERSTER STOPP: DAMENPAD

Bahnhof Pferdebahn

Zwei Pferde teilen sich den Job. Tamme und Eddy sind gutmütige Tinker, so heißt die Rasse. Ihr jeweiliger Einsatz dauert 15 Minuten. Kutscher Christian Roll ist zufrieden, wenn die Bahn am anderen Ende angekommen ist. Dann gibt er dem Pferd Wasser und lobt es gegenüber den Umstehenden: »Das sind echte Sportler, die trinken nicht im Wettkampf, sondern erst danach.«

Deutschlands einzige Pferdebahn auf einer Insel ist die große Attraktion, besonders bei Kindern. Im Schritttempo geht die Reise vom Ort bis zum Westend. Die Strecke hat Tradition. Schon 1885 gab es diese Schienenverbindung zum damaligen Herrenbadestrand im Westen. Die Frauen stiegen übrigens weit vorher aus, damit sie über den Damenpad ihren Strand erreichten, der 500 Meter vor dem der Herren lag. Später ging es über die Strecke zum Warmbad, dem heutigen Old Laramie, dann zum Hafen ganz im Süden. Aber von 1949 bis 1981 war kein Pferd mehr im Einsatz. Eine Diesellok zog die Waggons zum Fähranleger. Der wurde schließlich aufgegeben, denn der neue Hafen dicht am Dorf war fertig. Doch für den Eisenbahnfreund Hans Roll aus Pforzheim sollte es weitergehen. Er beschaffte vom Stuttgarter Straßenbahnmuseum einen passenden Wagen, Baujahr 1886, und schon war dieses einmalige Zusammenspiel aus Pferd und Eisenbahn wieder im Einsatz.

Seit 1981 rollt der Pferdebahnwagen mit 16 Sitzplätzen also wieder. Die Gäste wissen es zu schätzen. Einige stehen zum Winken auf der Brücke über dem Deichtor nahe am Bahnhof, denn unter ihnen fährt gleich die Pferdebahn hindurch. Andere sind am Westend ganz angetan, dem Pferd über den Hals streichen zu dürfen. Spiekeroog hat ein tierisches Zugpferd, den beiden Tinkern sei Dank.

Kinder spielen gut und gern im *Trockendock*. Mit Tunnelrutsche, Bällebad, Strandraum und vielen Spiel- und Bastelangeboten ist das Kinderspielhaus der Hit – und das kostenlos.

83

Badestrand
Via Strandpad oder
Slurpad
26474 Spiekeroog

InselBad & DünenSpa
Noorderpad 20
26474 Spiekeroog
04976 9193162

DAS VOLLE VERGNÜGEN

Badestrand

Feinkörnig, fast weiß und sehr weich – so ist der rund 15 Kilometer lange Strand auf der Insel zu erleben. Das volle Vergnügen! Da schaufeln sich Kinder ein paar Löcher in die selbst geschaffene Sandbank. Die Flut kommt und erobert sich immer mehr von der kleinen Insel. Andere haben sich auf den Bauch ins Flachwasser gelegt. Das ist besonders warm. Wo ein bisschen Platz ist, wird Federball gespielt. Nahe am Wasser haben einige ihre Halbzelte aufgespannt. Die grenzen etwas ab und spenden Schatten. Weiter hinten stehen die traditionellen Strandkörbe. Sie sind ein Ruhepol mit Ablagemöglichkeit – sowohl für die Füße als auch für kleine Strandutensilien.

Sicher ist es hier ohnehin, denn pro Saison sind etwa 50 Rettungsschwimmer der Deutschen Lebens-Rettungs-Gesellschaft (DLRG) im Einsatz. Sie richten ihre wachsamen Augen auf die Badenden. Im Notfall sind sie sofort da, doch den gab es bisher selten auf Spiekeroog. Meist folgen die Gäste den Baderegeln, wonach niemals nach Eintritt der Ebbe gebadet wird. Das ablaufende Wasser zieht selbst starke Schwimmer aufs Meer hinaus. Die vorgelagerten Sandbänke sind tabu für die Badenden. Und was die rote Flagge signalisiert, ist auch jedem klar: Badeverbot.

Dann lockt der Strandsport. Ob Beachvolleyball oder Beachsoccer, das kostenlos angebotene Sportprogramm der Kurverwaltung oder einfach Joggen am Strand – es ist die leichte Bewegung am Meeressaum, die gesund macht und Freude bereitet. Hunde sind hier von April bis Oktober nicht erlaubt, sonst schon, aber nur angeleint. Wer seinen Hund mal nicht an der Leine spazieren führen möchte, weicht dazu auf die Freilaufzone am Hundestrand aus. Er liegt etwas im Osten und hat einen separaten Zugang. Somit ist das Stranderlebnis für jeden garantiert.

Das *InselBad & DünenSpa* mit warmem Meerwasser ist die ideale Ergänzung und bietet auch Thalasso, Saunalandschaft sowie Wellnessträume. Spiekeroog ist seit 2015 anerkanntes Thalasso-Nordseeheilbad.

84

Altes Inselhaus
Süderloog 4
26474 Spiekeroog
04976 473
(März–Ende Oktober)
www.altes-inselhaus.de

Papierbootregatta Spiekeroog
Hafen Spiekeroog
Wüppspoor 4
26474 Spiekeroog
www.spiekeroog.de/
papierbootregatta

GERÜSTET FÜR DIE STURMFLUT

Altes Inselhaus

Es ist sturmfest und erdverwachsen. Das Alte Inselhaus gehört zu den ältesten Friesenhäusern aller Ostfriesischen Inseln. Es wurde schon 1705 erbaut. Damals war die Angst vor den Fluten der Nordsee allgegenwärtig. Daher trägt das Haus ein Schwimmdach. Es kann nicht nur im Wasser treiben, sondern auch als (Rettungs-) Schiff dienen. Das robuste Dach ist mit dem restlichen Haus nur durch Zapfen verbunden und lässt sich daher verhältnismäßig schnell lösen. Die Bewohner könnten sich also bei Sturmflut ins Dachgebälk retten, die Spunde entfernen und sich mit dem Dach in den Wellen in Richtung Küste davontreiben lassen. Wie praktisch doch die Vorfahren dachten und handelten. Dieses Haus hat den Notfall nie erlebt.

Überhaupt ist der Ortskern Spiekeroogs standorttreu. Bei den meisten anderen Inseln wanderten die Dörfer, weil sich das Land durch Wind und Flut über Jahrhunderte immer wieder nach Osten verlagerte. Hier ist alles am Platz geblieben, auch die alte Kirche von 1696. Es ist die älteste auf den sieben Inseln. Sie befindet sich ebenfalls im Süderloog nur ein paar Meter weiter und hat einen wunderschönen kleinen Friedhof mit altem Baumbestand als Umgebung. Auf diesen alten Ortskern ist Spiekeroog zu Recht stolz. Durch diese Straßen zu schlendern, ist ein ganz besonderes Gefühl. Geborgenheit und Ruhe schwingen mit.

Heute wird das Alte Inselhaus als Café und Restaurant genutzt. Das Innere ist urig eingerichtet. Was gibt es heute zu essen? Aal ist zu empfehlen. Roastbeef mit Bratkartoffeln zählt ebenfalls zu den gefragten Gerichten. Die Rote Grütze hat sich auch einen guten Ruf erworben. Im Garten befindet sich noch ein kleines Ferienhaus. Wer also etwas Geschichte schnuppern möchte, ist hier im Lokal zu einer Teetied sicher gut aufgehoben.

Zur Papierbootregatta im August schlägt die Stunde der Konstrukteure: Wessen Boot geht zuletzt unter? Ein großer Spaß!

85

Oststeert
Via Straße Zum Osten
An der Wattseite der Insel
entlang bis zum Ostende
26486 Wangerooge

Golfclub Insel Wangerooge e.V.
Siedlerstraße
26479 Wangerooge
0172 3614858
www.golf-wangerooge.de

EINST EIN TIDEFREIER HAFEN

Oststeert

Die schwarzen Pfähle im Wasser sind die Reste der Inselbahn, die bis 1958 hier fuhr. Vom Ostanleger – der Lloydbrücke – aus verkehrte eine private Fähre nach Wilhelmshaven. Lange ist das her, doch die früheren Ständer für die Gleise der Inselbahn stehen noch dekorativ im Wasser. Es hat einen besonderen Reiz, sich am östlichsten Zipfel der Insel umzusehen. Die Dalben haben eine dicke, vernarbte Rinde, die einer Elefantenhaut ähnelt. Sie scheinen ewig zu halten. Grüne Meeralgen machen sich hier und da breit. Die Sonne glitzert. Es ist einer der ruhigsten Plätze auf Wangerooge. Kaum vorstellbar, dass hier einst in engem Takt Züge fuhren, schließlich war der Hafen tidefrei. Es konnte jederzeit an- und abgelegt werden. Das wünschen sich heute wieder viele auf der Insel, denn der jetzige Hafen, betrieben von der Deutschen Bahn, ist auf genügend Wasser angewiesen, folglich abhängig von Ebbe und Flut.

54 Jahre lang fuhr die Bahn zum Ostanleger. So gelangten viele der rund 12.000 Badegäste im Jahr (Zahl von 1911) über diesen Weg nach Wangerooge. Karl Baedeker beschrieb in seinem legendären Handbuch für Reisende *Nordwest-Deutschland* von 1911 auch den Anleger am Westturm, den es damals schon gab. Die Eisenbahnfahrt dorthin kostete 20 Pfennige, das Dampfboot fuhr auch nach Norderney, es gab Schiffsverkehr zu den anderen Ostfriesischen Inseln und nach Helgoland. Die Miete für einen Strandkorb betrug damals auf Wangerooge übrigens zwei bis vier Mark für zehn Tage, ein Zimmer in einer Privatwohnung kostete acht bis 15 Mark pro Woche. Im Bahnhof gab es ein Restaurant, das für ein Mittagessen 1,75 Mark nahm. Ein warmes Bad mit Seewasser war im Ort für 1,50 Mark zu haben.

Die Dalben im Watt am früheren Ostanleger sind stumme Zeugen einer vergangenen Betriebsamkeit und verleiten zu Träumen von fernen Zeiten.

Warum nicht einmal eine Runde Golf spielen? Schnuppertraining in der Saison vereinbaren.

86

Ausblick am
Café Pudding
Peterstraße 15
26486 Wangerooge
04469 220
www.cafe-pudding.de

Bade- und Burgenstrand
26486 Wangerooge
04469 990
(Kurverwaltung)
www.wangerooge.de

EIN HAFEN FÜR STRANDURLAUBER

Am Café Pudding

Wer auf Wangerooge »einmal um den Pudding« geht, umkreist das wohl bekannteste Café der Insel. Es trägt den klanvollen Namen *Pudding* und ist aus einem Bunker entstanden, der in die Düne gebaut worden war.

1948 pachteten die Vorfahren der heutigen Besitzer das Relikt und eröffneten darauf einen Kiosk. Bald wurde daraus ein schickes Café mit erstklassigen Eis- und Kuchenangeboten. Der Blick von dort fällt auf den Strand und auf die Strandkörbe. Sie stehen für die besten Stunden am Strand. Heute sind fast alle leer. Sie haben sich – wegen des strammen Westwindes – hübsch nach Osten geöffnet und warten auf neue Gäste. Es ist ein seltener Anblick, denn meistens herrscht hier großer Trubel. Der Bade- und Burgenstrand ist bei Familien beliebt. Er ist wie eine riesige Sandkiste wunderbar zum Spielen geeignet. Ob Ebbe oder Flut, das Wasser ist nie weit weg. Also gibt es immer Gelegenheit, die Füße (oder mehr) hineinzuhalten. Dann zurück zum Strandkorb, der den Tag über als wohliger Rückzugsort genügend Privatheit garantiert. Die Rettungsschwimmer sind von Mitte Mai bis Mitte Oktober da und werfen ein Auge auf die Badenden. Die Kurverwaltung bietet ständig Kurse am Strand an – hier Yoga, dort Gymnastik.

Das Schöne auf Wangerooge: Die Schiffe sind zum Greifen nah. Das liegt einerseits an ihrer Größe. Riesenkähne fahren in die Elbe (nach Hamburg), in die Weser (nach Bremerhaven) oder die Jade (nach Wilhelmshaven oder zum Jade-Weser-Port). Andererseits ist die Fahrrinne nicht weit entfernt.

Wer genug Strandgefühl getankt hat, seine Siebensachen packt und noch kurz einkehren möchte, landet wieder im Café Pudding. Es wirkt wie ein Leuchtturm auf Schiffe und ist gleichzeitig wie ein Hafen. Herrlich!

Am Strand entlang reiten, ist pure Entspannung. Auch Kutschfahrten sind beliebt. Auf der Wangerooge-Website findet sich eine Auswahl der Reitställe auf der Insel.

87

Westturm Wangerooge
An der Jugendherberge
Wangerooge
Straße Zum Westen 38
26486 Wangerooge
04469 439
www.wangerooge.
jugendherberge.de

SILBERN GLITZERT DAS WATT

Westturm

»Im Westen nichts Neues.« Das wäre eine beruhigende Nachricht auf Wangerooge. Doch die Realität sieht anders aus. Über Jahrhunderte litt die Insel unter dem Verlust von Land im Westen. Jahr für Jahr hatte sich die Nordsee Boden abgegraben. Hinzu kam der Wind. Er und die Strömung ließen das Eiland ostwärts wandern. Nach wie vor nagt an der Westseite das Harle-Seegatt, durch das Wasser mit den Gezeiten zwischen Watt und Nordsee hin- und herströmt. Lange Buhnen sollen das nun verhindern. Durch massive Befestigungen konnte dem Abdriften Wangerooges weitgehend Einhalt geboten werden.

Der erste Westturm der Insel, im 14. Jahrhundert als Turm der Nikolaikirche errichtet, befand sich etwa fünf Kilometer westlich der heutigen Insel und stünde heute im Meer oder auf Spiekeroog. Aufgrund des Abdriftens des Landes versank er wie die gesamte Kirche mitsamt dem umliegenden Dorf. Um das Jahr 1600 wurde der zweite Bau errichtet und diente als Leuchtturm. Er war insbesondere für die Bremer Kaufleute von Bedeutung, deren Schiffe dank des Leuchtfeuers den Weg in die Weser fanden. In der Folge fungierte das Gebäude als Mehrzweckspeicher und später als Kirche, Gefängnis, Eiskeller und schließlich als Lager für Strandgut, bis es 1860 durch eine Sturmflut stark beschädigt wurde. 1914 sprengten es deutsche Soldaten, angeblich um den Feind zu verwirren.

Der heutige Westturm, in den 1930er-Jahren errichtet, wird als Jugendherberge genutzt und stellt tatsächlich eine Landmarke dar. Von der Inselbahn in Richtung Fähranleger aus betrachtet, schimmert er im Gegenlicht bleiern am Horizont. Das silbern glänzende Wattwasser, durch das die Gleise bei Flut führen, bildet eine malerische Kulisse. Seeschwalben ziehen durch die Luft. Wolken dosieren den Lichteinfall. Es ist ein fast dramatisches Schauspiel auf der kleinen Zugreise hin zum Wasser. Und ein willkommener Abschiedsgruß von einer zauberhaft schönen Insel.

Merken Sie sich die wichtigsten Feste auf der Insel vor: Mittsommer, Miesmuscheltage und zwei Open-Air-Veranstaltungen.

TEXTVERZEICHNIS

Die Textseiten teilten sich folgendermaßen auf:

Beckmann, Joachim: 12, 14, 16, 18, 20, 22, 24, 26, 28, 30, 32, 34, 36, 38, 40, 42, 44, 46
Diers, Knut: 98, 106, 108, 110, 112, 114, 116, 118, 120, 122, 124, 126, 128, 130, 132, 134, 136, 138, 140, 142, 144, 146, 148, 150, 152, 154, 156, 158, 160, 162, 164, 166, 168, 170, 172, 174, 176, 178, 180, 182, 184, 186, 188, 190
Manski, Natascha: 48, 50, 52, 54, 56, 58, 60, 62, 64, 66, 68, 70, 72, 74, 76, 78, 80, 82, 84, 86, 88, 91, 94, 96, 100, 102, 104
Mosler, Diana: 90

BILDVERZEICHNIS

Pixabay License/LN_Photoart 10; Pixabay License/obBilder 12; Joachim Beckmann 14, 18, 20, 22, 24, 26, 28, 30, 32, 34, 36, 38, 40, 42, 46; Stadt Cuxhaven 16; Klaus Nowottnick – AdobeStock.com 44; Bernd Ohlthaver 48; Natascha Manski 50, 52, 56, 58, 62, 64, 66, 68, 72, 74, 76, 80, 84, 86, 88, 92, 96; Reinhold Manski 54, 60, 78; Tourismus-Service Butjadingen/Thomas Hellmann 70; Jana Weber 82; Diana Mosler 90; Tourismus-Service Nordseebad Dangast 94; Deutsches Marinemuseum 100; Küstenmuseum Wilhelmshaven 102; MORGÆN Café 104; Knut Diers 98, 106, 108, 112, 114, 116, 118, 120, 122, 124, 126, 128 130, 132, 134, 140, 142, 144, 146, 148, 150, 152, 154, 156, 158, 160, 162, 164, 168, 170, 172, 174, 176, 178, 180, 182, 184, 186, 188, 190; Denis Metz 166; Jürgen Wackenhut – AdobeStock.com 110; Pixabay License/falco 120; Ostfriesisches Landesmuseum Emden/Erhard Bühler 136; Kunsthalle Emden 138